Hesiod

Werke und Tage

Griechisch/Deutsch

Übersetzt und herausgegeben
von Otto Schönberger

Reclam

RECLAMS UNIVERSAL-BIBLIOTHEK Nr. 9445
1996 Philipp Reclam jun. GmbH & Co. KG,
Siemensstraße 32, 71254 Ditzingen
Druck und Bindung: Esser printSolutions GmbH,
Untere Sonnenstraße 5, 84030 Ergolding
Printed in Germany 2024

ISBN 978-3-15-009445-7
www.reclam.de

ΕΡΓΑ ΚΑΙ ΗΜΕΡΑΙ

WERKE UND TAGE

Μοῦσαι Πιερίηθεν ἀοιδῇσιν κλείουσαι
δεῦτε, Δί' ἐννέπετε σφέτερον πατέρ' ὑμνείουσαι·
ὅν τε διὰ βροτοὶ ἄνδρες ὁμῶς ἄφατοί τε φατοί τε,
ῥητοί τ' ἄρρητοί τε Διὸς μεγάλοιο ἕκητι.
ῥέα μὲν γὰρ βριάει, ῥέα δὲ βριάοντα χαλέπτει,
ῥεῖα δ' ἀρίζηλον μινύθει καὶ ἄδηλον ἀέξει,
ῥεῖα δέ τ' ἰθύνει σκολιὸν καὶ ἀγήνορα κάρφει
Ζεὺς ὑψιβρεμέτης, ὃς ὑπέρτατα δώματα ναίει.
κλῦθι ἰδὼν ἀίων τε, δίκῃ δ' ἴθυνε θέμιστας
τύνη· ἐγὼ δέ κε Πέρσῃ ἐτήτυμα μυθησαίμην.
Οὐκ ἄρα μοῦνον ἔην Ἐρίδων γένος, ἀλλ' ἐπὶ γαῖαν
εἰσὶ δύω· τὴν μέν κεν ἐπαινήσειε νοήσας,
ἣ δ' ἐπιμωμητή· διὰ δ' ἄνδιχα θυμὸν ἔχουσιν·
ἣ μὲν γὰρ πόλεμόν τε κακὸν καὶ δῆριν ὀφέλλει,
σχετλίη· οὔ τις τήν γε φιλεῖ βροτός, ἀλλ' ὑπ' ἀνάγκης
ἀθανάτων βουλῇσιν Ἔριν τιμῶσι βαρεῖαν.
τὴν δ' ἑτέρην προτέρην μὲν ἐγείνατο Νὺξ ἐρεβεννή,
θῆκε δέ μιν Κρονίδης ὑψίζυγος αἰθέρι ναίων
γαίης τ' ἐν ῥίζῃσι καὶ ἀνδράσι πολλὸν ἀμείνω·
ἥ τε καὶ ἀπάλαμόν περ ὁμως ἐπὶ ἔργον ἔγειρεν.
εἰς ἕτερον γάρ τίς τε ἰδὼν ἔργοιο χατίζων
πλούσιον, ὃς σπεύδει μὲν ἀρώμεναι ἠδὲ φυτεύειν
οἶκόν τ' εὖ θέσθαι, ζηλοῖ δέ τε γείτονα γείτων
εἰς ἄφενος σπεύδοντ'· ἀγαθὴ δ' Ἔρις ἥδε βροτοῖσιν.
καὶ κεραμεὺς κεραμεῖ κοτέει καὶ τέκτονι τέκτων,
καὶ πτωχὸς πτωχῷ φθονέει καὶ ἀοιδὸς ἀοιδῷ.

Musen, die ihr in Liedern Ruhm verleiht, eilt von Pierien her, kündet von Zeus und besingt euren Vater; durch ihn sind sterbliche Männer beides: namenlos oder namhaft, berühmt oder ruhmlos nach Zeus', des erhabenen, Willen. Leicht ja schenkt er Gewicht, bedrückt aber leicht auch den Starken, leicht mindert er auch den Glänzenden und erhöht den Niederen, leicht biegt er den Krummen gerade und läßt den Trotzigen schrumpfen, er, der hochdonnernde Zeus, der im höchsten Hause wohnt. Erhöre mich, Herr, sieh her, vernimm mich und richte am Recht die Richtersprüche gerade! Ich aber möchte dem Perses Wahres verkünden.

Nicht also gab es nur eine Art von Eris, sondern zwei sind es auf Erden. Die eine nun wird loben, wer sie erkennt, die andere verdient Tadel. Sie haben nämlich ganz verschiedenen Sinn, mehrt doch die eine schlimmen Krieg und Hader, die verderbliche. Kein Sterblicher liebt sie, sondern nur unter Zwang ehren sie nach dem Willen der Götter die lastende Eris. Die andere aber gebar die dunkle Nacht zuerst, und der hochthronende Kronide, der im Äther wohnt, barg sie in den Erdwurzeln und schuf sie den Menschen zu größerem Segen. Ist einer auch träg, treibt sie ihn doch ans Werk. Sieht nämlich der Nichtstuer, wie sein reicher Nachbar mit Eifer pflügt, sät und sein Haus wohl bestellt, dann eifert der Nachbar dem Nachbarn nach, der zum Wohlstand eilt. Fördernd ist solcher Wetteifer für die Menschen, und so grollt der Töpfer dem Töpfer und der Zimmermann dem Zimmermann, der Bettler neidet dem Bettler, und der Sänger dem Sänger.

Ὦ Πέρση, σὺ δὲ ταῦτα τεῷ ἐνικάτθεο θυμῷ,
μηδέ σ' Ἔρις κακόχαρτος ἀπ' ἔργου θυμὸν ἐρύκοι
νείκε' ὀπιπεύοντ' ἀγορῆς ἐπακουὸν ἐόντα.
ὤρη γάρ τ' ὀλίγη πέλεται νεικέων τ' ἀγορέων τε,
ᾧ τινι μὴ βίος ἔνδον ἐπηετανὸς κατάκειται
ὡραῖος, τὸν γαῖα φέρει, Δημήτερος ἀκτήν.
τοῦ κε κορεσσάμενος νείκεα καὶ δῆριν ὀφέλλοις
κτήμασ' ἐπ' ἀλλοτρίοις· σοὶ δ' οὐκέτι δεύτερον ἔσται
ὧδ' ἔρδειν· ἀλλ' αὖθι διακρινώμεθα νεῖκος
ἰθείῃσι δίκῃς, αἵ τ' ἐκ Διός εἰσιν ἄρισται.
ἤδη μὲν γὰρ κλῆρον ἐδασσάμεθ' ἄλλα τε πολλά
ἁρπάζων ἐφόρεις μέγα κυδαίνων βασιλῆας
δωροφάγους, οἳ τήνδε δίκην ἐθέλουσι δικάσσαι,
νήπιοι, οὐδὲ ἴσασιν, ὅσῳ πλέον ἥμισυ παντός,
οὐδ' ὅσον ἐν μαλάχῃ τε καὶ ἀσφοδέλῳ μέγ' ὄνειαρ.
Κρύψαντες γὰρ ἔχουσι θεοὶ βίον ἀνθρώποισιν·
ῥηιδίως γάρ κεν καὶ ἐπ' ἤματι ἐργάσσαιο,
ὥστε σε κεἰς ἐνιαυτὸν ἔχειν καὶ ἀεργὸν ἐόντα·
αἶψά κε πηδάλιον μὲν ὑπὲρ καπνοῦ καταθεῖο,
ἔργα βοῶν δ' ἀπόλοιτο καὶ ἡμιόνων ταλαεργῶν.
ἀλλὰ Ζεὺς ἔκρυψε χολωσάμενος φρεσὶ ᾗσιν,
ὅττι μιν ἐξαπάτησε Προμηθεὺς ἀγκυλομήτης·
τοὔνεκ' ἄρ' ἀνθρώποισιν ἐμήσατο κήδεα λυγρά,
κρύψε δὲ πῦρ· τὸ μὲν αὖτις ἐὺς πάις Ἰαπετοῖο
ἔκλεψ' ἀνθρώποισι Διὸς πάρα μητιόεντος
ἐν κοίλῳ νάρθηκι λαθὼν Δία τερπικέραυνον.
τὸν δὲ χολωσάμενος προσέφη νεφεληγερέτα Ζεύς·
Ἰαπετιονίδη, πάντων πέρι μήδεα εἰδώς,
χαίρεις πῦρ κλέψας καὶ ἐμὰς φρένας ἠπεροπεύσας
σοί τ' αὐτῷ μέγα πῆμα καὶ ἀνδράσιν ἐσσομένοισιν.

Dies aber, Perses, nimm in dein Herz auf und laß nicht die Eris, der Böses gefällt, deinen Sinn von der Arbeit abwenden, daß du bei Händeln gaffst und Marktgeschwätz anhörst. [30] Denn wenig Zeit zu Zank und Marktgerede bleibt dem, der nicht reichlich Vorrat im Haus liegen hat, reifes Korn, das die Erde trägt, Demeters Getreide. Hast du erst davon genug, magst du dir Hader und Streit um fremden Besitz erlauben. Doch wird's dir nicht noch einmal gelingen, [35] so zu tun. Nein, laß uns auf der Stelle den Streit schlichten durch geraden [gerechten] Spruch, der von Zeus als der beste kommt. War doch längst unser Erbe geteilt, und noch vieles darüber trugst du als Raub davon, um den Königen viel zu verehren, den Gabenfressern, die gern auch diesen Handel entschieden, [40] Toren, die nicht einmal wissen, wieviel mehr die Hälfte ist als das Ganze oder wie großer Nutzen in Malve und Asphodelos liegt!

Verborgen halten ja Götter den Menschen die Nahrung. Leicht nämlich erwürbest du sonst an einem Tag so viel, daß es dir sogar übers Jahr hin reichte, und gingst du auch müßig. [45] Gleich hängtest du das Ruder in den Rauchfang, vorbei wär's mit Arbeit für Rinder und zähe Maultiere. Doch verbarg Zeus die Nahrung, grollend im Herzen, weil ihn der verschlagene Prometheus betrog. Deshalb also ersann er den Menschen trauriges Elend [50] und verbarg das Feuer; dieses stahl wieder dem Rat erteilenden Zeus der wendige Iapetossohn im hohlen Narthexrohr für die Menschen; dem donnerfrohen Zeus jedoch entging es. Den Dieb aber sprach Zeus, der die Wolken ballt, zürnend an: »Iapetossohn, klüger als alle [55] freust du dich, weil du das Feuer entwendet und meinen Sinn getäuscht hast, zu großem Leid

τοῖς δ' ἐγὼ ἀντὶ πυρὸς δώσω κακόν, ᾧ κεν ἅπαντες
τέρπωνται κατὰ θυμὸν ἑὸν κακὸν ἀμφαγαπῶντες.
Ὣς ἔφατ'· ἐκ δ' ἐγέλασσε πατὴρ ἀνδρῶν τε θεῶν τε.
Ἥφαιστον δ' ἐκέλευσε περικλυτὸν ὅττι τάχιστα
γαῖαν ὕδει φύρειν, ἐν δ' ἀνθρώπου θέμεν αὐδὴν
καὶ σθένος, ἀθανάτῃς δὲ θεῇς εἰς ὦπα ἐίσκειν
παρθενικῆς καλὸν εἶδος ἐπήρατον· αὐτὰρ Ἀθήνην
ἔργα διδασκῆσαι, πολυδαίδαλον ἱστὸν ὑφαίνειν·
καὶ χάριν ἀμφιχέαι κεφαλῇ χρυσέην Ἀφροδίτην
καὶ πόθον ἀργαλέον καὶ γυιοκόρους μελεδῶνας·
ἐν δὲ θέμεν κύνεόν τε νόον καὶ ἐπίκλοπον ἦθος
Ἑρμείην ἤνωγε, διάκτορον Ἀργεϊφόντην.
Ὣς ἔφαθ'· οἱ δ' ἐπίθοντο Διὶ Κρονίωνι ἄνακτι.
αὐτίκα δ' ἐκ γαίης πλάσσεν κλυτὸς Ἀμφιγυήεις
παρθένῳ αἰδοίῃ ἴκελον Κρονίδεω διὰ βουλάς·
ζῶσε δὲ καὶ κόσμησε θεὰ γλαυκῶπις Ἀθήνη·
ἀμφὶ δέ οἱ Χάριτές τε θεαὶ καὶ πότνια Πειθὼ
ὅρμους χρυσείους ἔθεσαν χροΐ, ἀμφὶ δὲ τήν γε
Ὧραι καλλίκομοι στέφον ἄνθεσι εἰαρινοῖσιν·
πάντα δέ οἱ χροῒ κόσμον ἐφήρμοσε Παλλὰς Ἀθήνη.
ἐν δ' ἄρα οἱ στήθεσσι διάκτορος Ἀργεϊφόντης
ψεύδεά θ' αἱμυλίους τε λόγους καὶ ἐπίκλοπον ἦθος
τεῦξε Διὸς βουλῇσι βαρυκτύπου· ἐν δ' ἄρα φωνὴν
θῆκε θεῶν κῆρυξ, ὀνόμηνε δὲ τήνδε γυναῖκα
Πανδώρην, ὅτι πάντες Ὀλύμπια δώματ' ἔχοντες
δῶρον ἐδώρησαν, πῆμ' ἀνδράσιν ἀλφηστῇσιν.
Αὐτὰρ ἐπεὶ δόλον αἰπὺν ἀμήχανον ἐξετέλεσσεν,

dir selbst und den künftigen Menschen. Denen nämlich will ich für das Feuer ein Übel geben, an dem jeder seine Herzensfreude haben und doch sein Unheil umarmen soll.«

So sprach er und lachte heraus, der Vater der Menschen und Götter. Den kunstberühmten Hephaistos hieß er aber schleunig Erde und Wasser zu mengen, menschliche Stimme hineinzutun und Lebenskraft, im Gesicht aber die hübsche, lockende Mädchengestalt so schön wie unsterbliche Göttinnen zu machen. Ferner hieß er Athene, sie Handarbeit zu lehren, kunstvoll Stoff zu weben, und der goldenen Aphrodite befahl er, ihr Liebreiz ums Haupt zu gießen, auch quälende Sehnsucht und gliederzehrendes Herzweh. Hündischen Sinn aber und verschlagene Art einzupflanzen, hieß er den Geleiter Hermes, den Töter des Argos.

So gebot er; sie aber gehorchten dem Herrscher Zeus, dem Kroniden. Alsbald formte der ruhmreiche Hinkefuß nach des Kroniden Willen ein Lehmbild, gleich einem verschämten Mädchen; das gürtete und schmückte die helläugige Göttin Athene; die Anmutsgöttinnen aber und Herrin Peitho legten ihr Goldketten um, und rings bekränzten sie die schönlockigen Horen mit Frühlingsblumen; den ganzen Schmuck ihres Körpers aber ordnete Pallas Athene. Ihr in die Brust dann pflanzte der Geleiter und Argostöter Lug und Trug, Schmeichelreden und verschlagenen Sinn nach dem Plan des schwerdonnernden Zeus. Auch Sprache gab ihr der Götterbote und nannte die Frau Pandora [Allgeschenk], weil alle Bewohner der olympischen Häuser ihr Gaben schenkten zum Leid der schaffenden Männer.

Als nun der jähe, zwingende Trug vollführt war,

εἰς Ἐπιμηθέα πέμπε πατὴρ κλυτὸν Ἀργεϊφόντην
δῶρον ἄγοντα, θεῶν ταχὺν ἄγγελον· οὐδ' Ἐπιμηθεύς
ἐφράσαθ', ὥς οἱ ἔειπε Προμηθεὺς μή ποτε δῶρον
δέξασθαι πὰρ Ζηνὸς Ὀλυμπίου, ἀλλ' ἀποπέμπειν
ἐξοπίσω, μή πού τι κακὸν θνητοῖσι γένηται.
αὐτὰρ ὃ δεξάμενος, ὅτε δὴ κακὸν εἶχ', ἐνόησεν.
Πρὶν μὲν γὰρ ζώεσκον ἐπὶ χθονὶ φῦλ' ἀνθρώπων
νόσφιν ἄτερ τε κακῶν καὶ ἄτερ χαλεποῖο πόνοιο
νούσων τ' ἀργαλέων, αἵ τ' ἀνδράσι κῆρας ἔδωκαν.
[αἶψα γάρ ἐν κακότητι βροτοὶ καταγηράσκουσιν.]
ἀλλά γυνὴ χείρεσσι πίθου μέγα πῶμ' ἀφελοῦσα
ἐσκέδασ'· ἀνθρώποισι δ' ἐμήσατο κήδεα λυγρά.
μούνη δ' αὐτόθι Ἐλπὶς ἐν ἀρρήκτοισι δόμοισιν
ἔνδον ἔμιμνε πίθου ὑπὸ χείλεσιν οὐδὲ θύραζε
ἐξέπτη· πρόσθεν γὰρ ἐπέλλαβε πῶμα πίθοιο
αἰγιόχου βουλῇσι Διὸς νεφεληγερέταο.
ἄλλα δὲ μυρία λυγρὰ κατ' ἀνθρώπους ἀλάληται·
πλείη μὲν γὰρ γαῖα κακῶν, πλείη δὲ θάλασσα·
νοῦσοι δ' ἀνθρώποισιν ἐφ' ἡμέρῃ, αἳ δ' ἐπὶ νυκτί
αὐτόματοι φοιτῶσι κακὰ θνητοῖσι φέρουσαι
σιγῇ, ἐπεὶ φωνὴν ἐξείλετο μητίετα Ζεύς.
οὕτως οὔ τί πη ἔστι Διὸς νόον ἐξαλέασθαι.
Εἰ δ' ἐθέλεις, ἕτερόν τοι ἐγὼ λόγον ἐκκορυφώσω
εὖ καὶ ἐπισταμένως, σὺ δ' ἐνὶ φρεσὶ βάλλεο σῇσιν,
ὡς ὁμόθεν γεγάασι θεοὶ θνητοί τ' ἄνθρωποι.
Χρύσεον μὲν πρώτιστα γένος μερόπων ἀνθρώπων
ἀθάνατοι ποίησαν Ὀλύμπια δώματ' ἔχοντες.
οἳ μὲν ἐπὶ Κρόνου ἦσαν, ὅ τ' οὐρανῷ ἐμβασίλευεν,

sandte der Vater den berühmten Argostöter und raschen Boten der Götter mit dem Geschenk zu Epimetheus. Der aber bedachte nicht, was ihm Prometheus riet: nie ein Geschenk anzunehmen von Zeus, dem Olympier, sondern es wieder zurückzusenden, damit den Menschen ja kein Unheil geschehe! Er aber nahm es und merkte das Unheil erst, als er es hatte.

Vordem nämlich lebten die Stämme der Menschen auf Erden fern von Übeln, elender Mühsal und quälenden Leiden, die Menschen den Tod bringen [nur zu bald nämlich altern Menschen im Unglück]. Das Weib aber hob mit den Händen den mächtigen Deckel vom Faß, ließ alles heraus und schuf der Menschheit leidvolle Schmerzen. Einzig die Hoffnung blieb dort drinnen im unzerstörbaren Haus unter dem Rand des Fasses und flog nicht heraus. Vorher nämlich fing sie der Faßdeckel ab nach dem Willen des aigisführenden Zeus, des Wolken ballenden. Alles andere aber, verderbliche Übel in Unzahl, schweift bei den Menschen umher; voll ist ja die Erde von Plagen, voll das Meer, und Krankheiten befallen die Menschen bei Tag und andere nachts, von selbst, und bringen den Sterblichen Leiden, lautlos; denn Zeus, der Planende, nahm ihnen die Stimme. So ist es ganz unmöglich, dem Ratschluß des Zeus zu entrinnen.

Ist es dir aber recht, so will ich dir noch eine Geschichte nach Kunst und Regel erzählen. Du aber präge dir ein, daß Götter und sterbliche Menschen vom gleichen Ursprung herstammen.

Als goldenes schufen zuerst die Unsterblichen, die im olympischen Haus wohnen, das Geschlecht der redenden Menschen. Diese lebten unter Kronos, der im

ὥστε θεοὶ δ' ἔζωον ἀκηδέα θυμὸν ἔχοντες
νόσφιν ἄτερ τε πόνων καὶ ὀιζύος· οὐδέ τι δειλόν
γῆρας ἐπῆν, αἰεὶ δὲ πόδας καὶ χεῖρας ὁμοῖοι
τέρποντ' ἐν θαλίῃσι κακῶν ἔκτοσθεν ἁπάντων·
θνῆσκον δ' ὥσ θ' ὕπνῳ δεδμημένοι· ἐσθλὰ δὲ πάντα
τοῖσιν ἔην· καρπὸν δ' ἔφερεν ζείδωρος ἄρουρα
αὐτομάτη πολλόν τε καὶ ἄφθονον· οἱ δ' ἐθελημοί
ἥσυχοι ἔργ' ἐνέμοντο σὺν ἐσθλοῖσιν πολέεσσιν.
[ἀφνειοὶ μήλοισι, φίλοι μακάρεσσι θεοῖσιν.]
αὐτὰρ ἐπεὶ δὴ τοῦτο γένος κατὰ γαῖ' ἐκάλυψε,
τοὶ μὲν δαίμονές εἰσι Διὸς μεγάλου διὰ βουλάς
ἐσθλοί, ἐπιχθόνιοι, φύλακες θνητῶν ἀνθρώπων,
οἵ ῥα φυλάσσουσίν τε δίκας καὶ σχέτλια ἔργα
ἠέρα ἑσσάμενοι πάντῃ φοιτῶντες ἐπ' αἶαν,
πλουτοδόται· καὶ τοῦτο γέρας βασιλήιον ἔσχον.
Δεύτερον αὖτε γένος πολὺ χειρότερον μετόπισθεν
ἀργύρεον ποίησαν Ὀλύμπια δώματ' ἔχοντες,
χρυσέῳ οὔτε φυὴν ἐναλίγκιον οὔτε νόημα.
ἀλλ' ἑκατὸν μὲν παῖς ἔτεα παρὰ μητέρι κεδνῇ
ἐτρέφετ' ἀτάλλων, μέγα νήπιος ᾧ ἐνὶ οἴκῳ.
ἀλλ' ὅτ' ἄρ' ἡβήσαι τε καὶ ἥβης μέτρον ἵκοιτο,
παυρίδιον ζώεσκον ἐπὶ χρόνον, ἄλγε' ἔχοντες
ἀφραδίῃς· ὕβριν γὰρ ἀτάσθαλον οὐκ ἐδύναντο
ἀλλήλων ἀπέχειν, οὐδ' ἀθανάτους θεραπεύειν
ἤθελον οὐδ' ἔρδειν μακάρων ἱεροῖς ἐπὶ βωμοῖς,
ἣ θέμις ἀνθρώποις κατὰ ἤθεα. τοὺς μὲν ἔπειτα
Ζεὺς Κρονίδης ἔκρυψε χολούμενος, οὕνεκα τιμάς
οὐκ ἔδιδον μακάρεσσι θεοῖς, οἳ Ὄλυμπον ἔχουσιν.
αὐτὰρ ἐπεὶ καὶ τοῦτο γένος κατὰ γαῖα κάλυψε,

Himmel als König herrschte, führten ihr Leben wie Götter, hatten leidlosen Sinn und blieben frei von Not und Jammer; nicht drückte sie schlimmes Alter, sie blieben sich immer gleich an Füßen und Händen, lebten heiter in Freuden und frei von jeglichem Übel und starben wie von Schlaf übermannt. Herrlich war ihnen alles, von selbst trug ihnen die kornspendende Erde Frucht in Hülle und Fülle. Sie aber taten ihre Feldarbeit nach Gefallen und gemächlich und waren mit Gütern gesegnet [reich an Herden und lieb den seligen Göttern]. Seit aber nun die Erde ihr Geschlecht drunten barg, sind sie nach dem Willen des großen Zeus gute Geister auf Erden und Wächter der sterblichen Menschen; sie wachen über Rechtssprüche und Freveltaten und schweifen als Reichtumspender in Nebel gehüllt ringsumher auf Erden, denn auch diese Würde gab ihnen der König.

Nach ihnen schufen die Herren des olympischen Hauses noch ein zweites Geschlecht, ein weit geringeres, silbernes, das dem goldenen weder an Wuchs noch Geist gleichkam. Nein, ein Kind wuchs hundert Jahre bei der fürsorglichen Mutter auf, verspielt und ganz töricht, in seinem Hause. War es dann aber erwachsen und stand in voller Jugendkraft, lebten sie nur noch kurze Zeit und litten Schmerzen durch ihren Unverstand; sie konnten nämlich von frevlerischer Gewalt untereinander nicht lassen, wollten auch weder Unsterbliche ehren noch am heiligen Herd der Seligen opfern, wie es die Sitte den Menschen an ihren Wohnsitzen gebietet. Diese verbarg endlich der Kronide Zeus im Groll, weil sie den seligen Göttern, die im Olymp wohnen, keine Ehre erwiesen. Da aber die Erde auch dieses Geschlecht in

τοὶ μὲν ὑποχθόνιοι μάκαρες θνητοὶ καλέονται,
δεύτεροι, ἀλλ' ἔμπης τιμὴ καὶ τοῖσιν ὀπηδεῖ.
Ζεὺς δὲ πατὴρ τρίτον ἄλλο γένος μερόπων ἀνθρώπων
χάλκειον ποίησ', οὐκ ἀργυρέῳ οὐδὲν ὁμοῖον,
ἐκ μελιᾶν, δεινόν τε καὶ ὄβριμον· οἷσιν Ἄρηος
ἔργ' ἔμελεν στονόεντα καὶ ὕβριες· οὐδέ τι σῖτον
ἤσθιον, ἀλλ' ἀδάμαντος ἔχον κρατερόφρονα θυμόν,
ἄπλαστοι· μεγάλη δὲ βίη καὶ χεῖρες ἄαπτοι
ἐξ ὤμων ἐπέφυκον ἐπὶ στιβαροῖσι μέλεσσιν.
τῶν δ' ἦν χάλκεα μὲν τεύχεα, χάλκεοι δέ τε οἶκοι,
χαλκῷ δ' ἐργάζοντο· μέλας δ' οὐκ ἔσκε σίδηρος.
καὶ τοὶ μὲν χείρεσσιν ὑπὸ σφετέρῃσι δαμέντες
βῆσαν ἐς εὐρώεντα δόμον κρυεροῦ Ἀίδαο
νώνυμνοι· θάνατος δὲ καὶ ἐκπάγλους περ ἐόντας
εἷλε μέλας, λαμπρὸν δ' ἔλιπον φάος ἠελίοιο.
Αὐτὰρ ἐπεὶ καὶ τοῦτο γένος κατὰ γαῖα κάλυψεν,
αὖτις ἔτ' ἄλλο τέταρτον ἐπὶ χθονὶ πουλυβοτείρῃ
Ζεὺς Κρονίδης ποίησε, δικαιότερον καὶ ἄρειον,
ἀνδρῶν ἡρώων θεῖον γένος, οἳ καλέονται
ἡμίθεοι, προτέρῃ γενεὴ κατ' ἀπείρονα γαῖαν.
καὶ τοὺς μὲν πόλεμός τε κακὸς καὶ φύλοπις αἰνή
τοὺς μὲν ὑφ' ἑπταπύλῳ Θήβῃ, Καδμηίδι γαίῃ,
ὤλεσε μαρναμένους μήλων ἕνεκ' Οἰδιπόδαο,
τοὺς δὲ καὶ ἐν νήεσσιν ὑπὲρ μέγα λαῖτμα θαλάσσης
ἐς Τροίην ἀγαγὼν Ἑλένης ἕνεκ' ἠυκόμοιο.
ἔνθ' ἦ τοι τοὺς μὲν θανάτου τέλος ἀμφεκάλυψε,
τοῖς δὲ δίχ' ἀνθρώπων βίοτον καὶ ἤθε' ὀπάσσας
Ζεὺς Κρονίδης κατένασσε πατὴρ ἐς πείρατα γαίης.
καὶ τοὶ μὲν ναίουσιν ἀκηδέα θυμὸν ἔχοντες
ἐν μακάρων νήσοισι παρ' Ὠκεανὸν βαθυδίνην,

der Tiefe barg, heißen sie unterirdisch selige Sterbliche, zwar von minderem Rang, doch gleichwohl folgt auch ihnen Würde.

Vater Zeus aber schuf ein drittes, neues Geschlecht redender Menschen, ein ehernes, dem silbernen ganz ungleich, aus Eschen, wild und ungestüm; diese vollbrachten leidvolle Werke des Ares und Freveltaten, aßen auch keine Feldfrucht, sondern hatten stahlhart-trotzigen Sinn, die unförmigen. Gewaltig war ihre Kraft, unheimlich wuchsen ihre Hände aus den Schultern hervor an ihren klobigen Körpern. Aus Erz aber waren ihre Waffen, ehern auch ihre Häuser, und Erz war ihr Werkstoff. Dunkles Eisen jedoch gab es noch nicht. Auch diese, von eigenen Händen bezwungen, stiegen namenlos hinab ins modrige Haus des eisigen Hades. Der schwarze Tod raffte sie fort, so gewaltig sie waren, und sie schieden vom strahlenden Licht der Sonne.

Als aber die Erde auch dieses Geschlecht in der Tiefe barg, schuf der Kronide Zeus noch ein weiteres, viertes auf der vielnährenden Erde, gerechter und besser, ein herrliches Geschlecht von Heroen, die man Halbgötter nennt, unsere Vorgänger auf der unendlichen Erde. Schlimmer Krieg und schrecklicher Kampf tilgten auch diese, die einen beim siebentorigen Theben auf kadmeischer Erde im Streit um die Herden des Ödipus, die anderen aber, als sie auf Schiffen über den mächtigen Meerschlund nach Troia fuhren wegen Helena, der schönhaarigen. Dort nun umfing die einen das tödliche Ende; anderen aber verlieh Vater Zeus, der Kronide, Leben und Wohnsitz fern von Menschen und versetzte sie an den Rand der Erde. Ihr Herz ist frei von Leid, und sie wohnen auf den Inseln der Seligen am tiefwirbeln-

ὄλβιοι ἥρωες, τοῖσιν μελιηδέα καρπόν
τρὶς ἔτεος θάλλοντα φέρει ζείδωρος ἄρουρα.
Μηκέτ' ἔπειτ' ὤφελλον ἐγὼ πέμπτοισι μετεῖναι
ἀνδράσιν, ἀλλ' ἢ πρόσθε θανεῖν ἢ ἔπειτα γενέσθαι.
νῦν γὰρ δὴ γένος ἐστὶ σιδήρεον, οὐδέ ποτ' ἦμαρ
παύσονται καμάτου καὶ ὀιζύος οὐδέ τι νύκτωρ
φθειρόμενοι· χαλεπὰς δὲ θεοὶ δώσουσι μερίμνας·
ἀλλ' ἔμπης καὶ τοῖσι μεμείξεται ἐσθλὰ κακοῖσιν.
Ζεὺς δ' ὀλέσει καὶ τοῦτο γένος μερόπων ἀνθρώπων,
εὖτ' ἂν γεινόμενοι πολιοκρόταφοι τελέθωσιν.
οὐδὲ πατὴρ παίδεσσιν ὁμοίιος οὐδέ τι παῖδες
οὐδὲ ξεῖνος ξεινοδόκῳ καὶ ἑταῖρος ἑταίρῳ
οὐδὲ κασίγνητος φίλος ἔσσεται, ὡς τὸ πάρος περ.
αἶψα δὲ γηράσκοντας ἀτιμήσουσι τοκῆας·
μέμψονται δ' ἄρα τοὺς χαλεποῖς βάζοντες ἔπεσσι
σχέτλιοι οὐδὲ θεῶν ὄπιν εἰδότες· οὐδέ κεν οἵ γε
γηράντεσσι τοκεῦσιν ἀπὸ θρεπτήρια δοῖεν
χειροδίκαι· ἕτερος δ' ἑτέρου πόλιν ἐξαλαπάξει.
οὐδέ τις εὐόρκου χάρις ἔσσεται οὔτε δικαίου
οὔτ' ἀγαθοῦ, μᾶλλον δὲ κακῶν ῥεκτῆρα καὶ ὕβριν
ἀνέρα τιμήσουσι· δίκη δ' ἐν χερσί, καὶ αἰδώς
οὐκ ἔσται· βλάψει δ' ὁ κακὸς τὸν ἀρείονα φῶτα
μύθοισιν σκολιοῖς ἐνέπων, ἐπὶ δ' ὅρκον ὀμεῖται.
ζῆλος δ' ἀνθρώποισιν ὀιζυροῖσιν ἅπασι
δυσκέλαδος κακόχαρτος ὁμαρτήσει, στυγερώπης.
καὶ τότε δὴ πρὸς Ὄλυμπον ἀπὸ χθονὸς εὐρυοδείης
λευκοῖσιν φάρεσσι καλυψαμένα χρόα καλόν
ἀθανάτων μετὰ φῦλον ἴτον προλιπόντ' ἀνθρώπους

den Okeanos, die seligen Heroen, denen die kornspendende Erde dreimal im Jahr honigsüße Frucht in Fülle trägt.

Lebte ich doch nun nicht beim fünften Geschlecht von Menschen, wäre ich zuvor gestorben oder später geboren! Jetzt nämlich ist das Geschlecht wahrlich von Eisen; nie ruhen sie aus am Tag von Mühe und Leid, und selbst bei Nacht nicht endet die Mühsal; schlimme Sorgen werden ihnen die Götter verhängen. Aber doch wird auch ihnen Edles und Schlimmes gemischt sein. Zeus freilich wird auch dieses Geschlecht der redenden Menschen vertilgen, wenn ihre Schläfen schon bei Geburt ergraut sind. Nicht wird es Gemeinschaft von Vater und Kindern geben, ebensowenig bei Kindern und Vater, nicht wird der Gast dem Gastfreund lieb sein, nicht der Freund dem Gefährten und selbst nicht der Bruder dem Bruder, wie früher. Bald werden sie die greisen Eltern entehren und mit häßlichen Worten beschimpfen, Frevler, die die Aufsicht der Götter mißachten; sie werden auch nicht ihren greisen Eltern den Pflegelohn geben, sondern Faustrecht üben, ja, der eine wird die Stadt des andern zerstören. Weder wird der Eidestreue Achtung finden noch der Gerechte, noch der Redliche, sondern eher werden sie Frevler und Gewaltmenschen ehren. Das Recht liegt in den Fäusten, Rücksicht wird es nicht geben. Der Schurke schädigt den Ehrenmann mit krummen Worten und schwört einen Meineid. Neid wird alle die elenden Menschen begleiten, lärmend, hämisch, Haß im Blick. Dann nun verlassen Anstand und Ehrgefühl die Menschheit und gehen beide, den schönen Leib in weiße Gewänder gehüllt, von der breitstraßigen Erde zum Olympos, zur Schar der Un-

Αἰδὼς καὶ Νέμεσις· τὰ δὲ λείψεται ἄλγεα λυγρὰ
θνητοῖς ἀνθρώποισι· κακοῦ δ' οὐκ ἔσσεται ἀλκή.

Νῦν δ' αἶνον βασιλεῦσι ἐρέω φρονέουσι καὶ αὐτοῖς·
ὧδ' ἴρηξ προσέειπεν ἀηδόνα ποικιλόδειρον
ὕψι μάλ' ἐν νεφέεσσι φέρων ὀνύχεσσι μεμαρπώς·
ἣ δ' ἐλεόν, γναμπτοῖσι πεπαρμένη ἀμφ' ὀνύχεσσι,
μύρετο· τὴν ὅ γ' ἐπικρατέως πρὸς μῦθον ἔειπεν·
δαιμονίη, τί λέληκας; ἔχει νύ σε πολλὸν ἀρείων·
τῇ δ εἶς, ᾗ σ' ἂν ἐγώ περ ἄγω καὶ ἀοιδὸν ἐοῦσαν·
δεῖπνον δ', αἴ κ' ἐθέλω, ποιήσομαι ἠὲ μεθήσω.
ἄφρων δ', ὅς κ' ἐθέλῃ πρὸς κρείσσονας ἀντιφερίζειν·
νίκης τε στέρεται πρός τ' αἴσχεσιν ἄλγεα πάσχει.
ὣς ἔφατ' ὠκυπέτης ἴρηξ, τανυσίπτερος ὄρνις.
Ὦ Πέρση, σὺ δ' ἄκουε δίκης μηδ' ὕβριν ὄφελλε·
ὕβρις γάρ τε κακὴ δειλῷ βροτῷ· οὐδὲ μὲν ἐσθλὸς
ῥηιδίως φερέμεν δύναται, βαρύθει δέ θ' ὑπ' αὐτῆς
ἐγκύρσας ἄτῃσιν· ὁδὸς δ' ἑτέρηφι παρελθεῖν
κρείσσων ἐς τὰ δίκαια· δίκη δ' ὑπὲρ ὕβριος ἴσχει
ἐς τέλος ἐξελθοῦσα· παθὼν δέ τε νήπιος ἔγνω.
αὐτίκα γὰρ τρέχει Ὅρκος ἅμα σκολιῇσι δίκῃσιν.
τῆς δὲ Δίκης ῥόθος ἑλκομένης, ᾗ κ' ἄνδρες ἄγωσι
δωροφάγοι, σκολιῇς δὲ δίκῃς κρίνωσι θέμιστας.
ἣ δ' ἕπεται κλαίουσα πόλιν καὶ ἤθεα λαῶν
ἠέρα ἑσσαμένη κακὸν ἀνθρώποισι φέρουσα,
οἵ τέ μιν ἐξελάσωσι καὶ οὐκ ἰθεῖαν ἔνειμαν.

sterblichen. Übrig bleiben den sterblichen Menschen nur bittere Schmerzen, und nirgends ist Abwehr des Unheils.

Nun aber will ich den hohen Herren, die es schon verstehen werden, ein Gleichnis erzählen. So sprach der Habicht zur buntkehligen Nachtigall, die er hoch oben in den Wolken trug und in den Fängen gepackt hielt; die aber klagte erbärmlich, durchbohrt von gebogenen Krallen, während er sie anherrschte: »Unselige, was schreist du? Dich hält nun ein viel Stärkerer, und du gehst, wohin ich will, auch wenn du eine Sängerin bist; ich fresse dich ganz nach Wunsch oder lasse dich fliegen. Nur ein Narr aber will gegen Stärkere kämpfen, geht des Sieges verlustig und leidet zur Schande noch Schmerzen.« So sprach der windschnelle Habicht, der flügelspreitende Vogel.

Du aber, Perses, höre das Recht und werde nicht schuldig durch Frevel. Frevel nämlich bekommt dem armen Sterblichen übel; nicht einmal der Angesehene und Edle führt ihn leicht im Gepäck, sondern spürt das Gewicht und gerät in Unheil; der andere Weg aber, der zum Recht, vorbei am Unrecht, ist besser. Recht nämlich siegt zu guter Letzt über Willkür, und nur ein Tor wird durch Schaden erst weise. Gleich nämlich läuft der Eid neben krummen Rechtssprüchen einher, und Murren steigt auf, wenn man Dike fortzerrt, wohin gabenfressende Männer sie ziehen und das Recht mit krummen Beschlüssen verfälschen. Sie aber folgt, in Nebel gehüllt, bejammert Stadt und Wohnsitze der Völker und bringt Unheil über Menschen, die sie verjagten und sie nicht gehörig zuteilten.

Οἳ δὲ δίκας ξείνοισι καὶ ἐνδήμοισι διδοῦσιν
ἰθείας καὶ μή τι παρεκβαίνουσι δικαίου,
τοῖσι τέθηλε πόλις, λαοὶ δ' ἀνθεῦσιν ἐν αὐτῇ·
εἰρήνη δ' ἀνὰ γῆν κουροτρόφος, οὐδέ ποτ' αὐτοῖς
ἀργαλέον πόλεμον τεκμαίρεται εὐρύοπα Ζεύς·
οὐδέ ποτ' ἰθυδίκῃσι μετ' ἀνδράσι λιμὸς ὀπηδεῖ
οὐδ' ἄτη, θαλίῃς δὲ μεμηλότα ἔργα νέμονται.
τοῖσι φέρει μὲν γαῖα πολὺν βίον, οὔρεσι δὲ δρῦς
ἄκρη μέν τε φέρει βαλάνους, μέσση δὲ μελίσσας·
εἰροπόκοι δ' ὄιες μαλλοῖς καταβεβρίθασιν·
τίκτουσιν δὲ γυναῖκες ἐοικότα τέκνα γονεῦσιν·
θάλλουσιν δ' ἀγαθοῖσι διαμπερές· οὐδ' ἐπὶ νηῶν
νίσονται, καρπὸν δὲ φέρει ζείδωρος ἄρουρα.
οἷς δ' ὕβρις τε μέμηλε κακὴ καὶ σχέτλια ἔργα,
τοῖς δὲ δίκην Κρονίδης τεκμαίρεται εὐρύοπα Ζεύς.
πολλάκι καὶ ξύμπασα πόλις κακοῦ ἀνδρὸς ἀπηύρα,
ὅς τις ἀλιτραίνῃ καὶ ἀτάσθαλα μηχανάαται.
τοῖσιν δ' οὐρανόθεν μέγ' ἐπήγαγε πῆμα Κρονίων,
λιμὸν ὁμοῦ καὶ λοιμόν· ἀποφθινύθουσι δὲ λαοί.
οὐδὲ γυναῖκες τίκτουσιν, μινύθουσι δὲ οἶκοι
Ζηνὸς φραδμοσύνῃσιν Ὀλυμπίου· ἄλλοτε δ' αὖτε
ἢ τῶν γε στρατὸν εὐρὺν ἀπώλεσεν ἢ ὅ γε τεῖχος
ἢ νέας ἐν πόντῳ Κρονίδης ἀποτίνυται αὐτῶν.
Ὦ βασιλῆς, ὑμεῖς δὲ καταφράζεσθε καὶ αὐτοὶ
τήνδε δίκην· ἐγγὺς γὰρ ἐν ἀνθρώποισιν ἐόντες
ἀθάνατοι φράζονται, ὅσοι σκολιῇσι δίκῃσιν
ἀλλήλους τρίβουσι θεῶν ὄπιν οὐκ ἀλέγοντες.
τρὶς γὰρ μύριοί εἰσιν ἐπὶ χθονὶ πουλυβοτείρῃ
ἀθάνατοι Ζηνὸς φύλακες θνητῶν ἀνθρώπων,

Die aber Fremden und Heimischen rechten Bescheid geben und keinen Finger breit vom Recht abweichen, denen gedeiht die Stadt, es blüht in ihr die Gemeinde, Friede herrscht im Land, der die Jugend nährt, und der weitblickende Zeus verschont sie vor leidvollem Krieg. Auch folgen weder Hunger noch Unheil gerechten Männern, sondern sie genießen die Früchte vollbrachter Feldarbeit bei frohen Festen. Ihnen spendet die Erde reichen Ertrag; im Bergland aber trägt ihnen die Eiche Früchte in der Krone, Bienen im Stamm, und ihre Wollschafe gehen schwer unter lastendem Vlies. Die Frauen aber gebären den Vätern gleichende Kinder. Ständig gedeiht ihr Glück, und so fahren sie auch nicht auf Schiffen hinaus, sondern die kornspendende Flur trägt ihnen Frucht. Wem aber schlimme Gewalt und Freveltaten gefallen, denen verhängt Zeus, der weitblickende Kronide, gerechte Strafe, und oft schon büßte die ganze Stadt für einen Schurken, der Frevel und Missetaten verübt. Solchen sendet Kronion schweres Leid vom Himmel, Hunger und Pest zugleich, und ganze Völker verderben. Ihre Frauen gebären nicht, und Geschlechter schwinden durch Ränke des olympischen Zeus dahin, oder der Kronide richtet strafend ihr starkes Heer, die Mauer oder ihre Schiffe im Meer zugrunde.

Auch ihr, Könige, wollt dieses Recht wohl bedenken! Nahe nämlich, inmitten der Menschen, sind die Unsterblichen und achten auf alle, die das Auge der Götter nicht scheuen und einander mit krummen [ungerechten] Bescheiden mißhandeln. Weilen doch auf der vielnährenden Erde dreimal zehntausend unsterbliche Wächter des Zeus über sterbliche Menschen und wachen

οἵ ῥα φυλάσσουσίν τε δίκας καὶ σχέτλια ἔργα
ἠέρα ἑσσάμενοι, πάντη φοιτῶντες ἐπ' αἶαν.
ἡ δέ τε παρθένος ἐστὶ Δίκη, Διὸς ἐκγεγαυῖα,
κυδρή τ' αἰδοίη τε θεοῖς, οἳ Ὄλυμπον ἔχουσιν.
καί ῥ' ὁπότ' ἄν τίς μιν βλάπτῃ σκολιῶς ὀνοτάζων,
αὐτίκα πὰρ Διὶ πατρὶ καθεζομένη Κρονίωνι
γηρύετ' ἀνθρώπων ἀδίκων νόον, ὄφρ' ἀποτείσῃ
δῆμος ἀτασθαλίας βασιλέων, οἳ λυγρὰ νοεῦντες
ἄλλῃ παρκλίνωσι δίκας σκολιῶς ἐνέποντες.
ταῦτα φυλασσόμενοι, βασιλῆς, ἰθύνετε μύθους
δωροφάγοι, σκολιέων δὲ δικέων ἐπὶ πάγχυ λάθεσθε.
οἷ αὐτῷ κακὰ τεύχει ἀνὴρ ἄλλῳ κακὰ τεύχων,
ἡ δὲ κακὴ βουλὴ τῷ βουλεύσαντι κακίστη.
πάντα ἰδὼν Διὸς ὀφθαλμὸς καὶ πάντα νοήσας
καί νυ τάδ', αἴ κ' ἐθέλησ', ἐπιδέρκεται, οὐδέ ἑ λήθει,
οἵην δὴ καὶ τήνδε δίκην πόλις ἐντὸς ἐέργει.
νῦν δὴ ἐγὼ μήτ' αὐτὸς ἐν ἀνθρώποισι δίκαιος
εἴην μήτ' ἐμὸς υἱός· ἐπεὶ κακὸν ἄνδρα δίκαιον
ἔμμεναι, εἰ μείζω γε δίκην ἀδικώτερος ἕξει·
ἀλλὰ τά γ' οὔ πω ἔολπα τελεῖν Δία μητιόεντα.
Ὦ Πέρση, σὺ δὲ ταῦτα μετὰ φρεσὶ βάλλεο σῇσι,
καί νυ δίκης ἐπάκουε, βίης δ' ἐπιλήθεο πάμπαν.
τόνδε γὰρ ἀνθρώποισι νόμον διέταξε Κρονίων
ἰχθύσι μὲν καὶ θηρσὶ καὶ οἰωνοῖς πετεηνοῖς
ἐσθέμεν ἀλλήλους, ἐπεὶ οὐ δίκη ἐστὶ μετ' αὐτοῖς·
ἀνθρώποισι δ' ἔδωκε δίκην, ἣ πολλὸν ἀρίστη
γίγνεται· εἰ γάρ τίς κ' ἐθέλῃ τὰ δίκαι' ἀγορεῦσαι
γιγνώσκων, τῷ μέν τ' ὄλβον διδοῖ εὐρύοπα Ζεύς·

über Rechtssprüche und Schandtaten, ganz in Nebel gehüllt und allwärts wandernd auf Erden. Auch ist Jungfrau Dike da, Tochter des Zeus, hehr und bei Göttern geachtet, die im Olymp wohnen. Wenn sie nun einer verletzt und mit frechen Worten beleidigt, setzt sie sich gleich zu ihrem Vater, dem Kroniden Zeus, und erzählt ihm vom Trachten schändlicher Menschen, damit das ganze Volk die Frevel der Herrscher büße, die Verderbliches sinnen, das Recht beugen und krumme Bescheide erlassen. Davor nehmt euch in acht, ihr Könige und Gabenfresser, richtet gerecht und schlagt euch Rechtsbeugung ganz aus dem Sinn. Sich selbst nämlich schafft Schlimmes ein Mann, der dem anderen Schlimmes zufügt, und ein schändlicher Plan trifft den, der ihn ausheckt, am schlimmsten. Blickt doch das allsehende, alles gewahrende Auge des Zeus, wenn es will, auch auf diese Sache und merkt gar wohl, welches Recht auch hier die Stadt in ihren Mauern beherbergt. Derzeit aber will ich weder selbst unter Menschen gerecht sein, noch soll es mein Sohn, denn wehe dem Gerechten, wenn der Schurke vor Gericht als Sieger davongeht! Doch läßt es Zeus, der Raterteilende – so hoffe ich –, nicht dazu kommen.

Dies, Perses, laß dir gesagt sein, höre nun auf das Recht und denke nicht an Gewalttat. Diese Ordnung setzte nämlich Kronion den Menschen, den Fischen, allem Getier und fliegenden Vögeln: daß Tiere zwar einander auffressen, weil bei ihnen kein Recht herrscht, während er den Menschen Recht verlieh, das höchste Gut unter allen. Entschließt sich nämlich einer zu sagen, was er als Recht erkennt, dem schenkt Zeus, der weitblickende, Segen; wer jedoch als Zeuge

ὃς δέ κε μαρτυρίῃσι ἑκὼν ἐπίορκον ὀμόσσας
ψεύσεται, ἐν δὲ δίκην βλάψας νήκεστον ἀασθῇ,
τοῦ δέ τ' ἀμαυροτέρη γενεὴ μετόπισθε λέλειπται·
ἀνδρὸς δ' εὐόρκου γενεὴ μετόπισθεν ἀμείνων.
Σοὶ δ' ἐγὼ ἐσθλὰ νοέων ἐρέω, μέγα νήπιε Πέρση.
τὴν μέν τοι κακότητα καὶ ἰλαδὸν ἔστιν ἑλέσθαι
ῥηιδίως· λείη μὲν ὁδός, μάλα δ' ἐγγύθι ναίει·
τῆς δ' ἀρετῆς ἱδρῶτα θεοὶ προπάροιθεν ἔθηκαν
ἀθάνατοι· μακρὸς δὲ καὶ ὄρθιος οἶμος ἐς αὐτήν
καὶ τρηχὺς τὸ πρῶτον· ἐπὴν δ' εἰς ἄκρον ἵκηται,
ῥηιδίη δὴ ἔπειτα πέλει χαλεπή περ ἐοῦσα.
οὗτος μὲν πανάριστος, ὃς αὐτὸς πάντα νοήσει
φρασσάμενος, τά κ' ἔπειτα καὶ ἐς τέλος ᾖσιν ἀμείνω·
ἐσθλὸς δ' αὖ κἀκεῖνος, ὃς εὖ εἰπόντι πίθηται·
ὃς δέ κε μήτ' αὐτὸς νοέῃ μήτ' ἄλλου ἀκούων
ἐν θυμῷ βάλληται, ὃ δ' αὖτ' ἀχρήιος ἀνήρ.
Ἀλλὰ σύ γ' ἡμετέρης μεμνημένος αἰὲν ἐφετμῆς
ἐργάζευ, Πέρση, δῖον γένος, ὄφρα σε Λιμός
ἐχθαίρῃ, φιλέῃ δέ σ' ἐυστέφανος Δημήτηρ
αἰδοίη, βιότου δὲ τεὴν πιμπλῇσι καλιήν·
Λιμὸς γάρ τοι πάμπαν ἀεργῷ σύμφορος ἀνδρί.
τῷ δὲ θεοὶ νεμεσῶσι καὶ ἀνέρες, ὅς κεν ἀεργός
ζώῃ, κηφήνεσσι κοθούροις εἴκελος ὀργήν,
οἵ τε μελισσάων κάματον τρύχουσιν ἀεργοί
ἔσθοντες· σοὶ δ' ἔργα φίλ' ἔστω μέτρια κοσμεῖν,
ὥς κέ τοι ὡραίου βιότου πλήθωσι καλιαί.
ἐξ ἔργων δ' ἄνδρες πολύμηλοί τ' ἀφνειοί τε·
καί τ' ἐργαζόμενος πολὺ φίλτερος ἀθανάτοισιν.
[ἔσσεαι ἠδὲ βροτοῖς· μάλα γὰρ στυγέουσιν ἀεργούς.]
ἔργον δ' οὐδὲν ὄνειδος, ἀεργίη δέ τ' ὄνειδος.

mit Absicht meineidig lügt und so, heillos verblendet, das Recht verletzt, dessen Geschlecht wird späterhin verfallen. Eidtreuen Mannes Sippe jedoch wird künftig gedeihen.

Mit dir aber, Erznarr Perses, mein' ich es gut und will dir sagen: Dürftigkeit läßt sich gar leicht auch haufenweise gewinnen; glatt ist der Weg, und sie wohnt ganz nah. Vor das Gedeihen jedoch haben die ewigen Götter den Schweiß gesetzt. Lang und steil ist der Pfad dorthin und schwer zu gehen am Anfang. Kommst du jedoch zur Höhe empor, wird er nun leicht, der anfangs so schwer war. Der ist von allen der beste, der alles selbst einsieht und bedenkt, was schließlich und endlich Erfolg bringt; tüchtig aber ist auch, wer guten Rat von anderen annimmt. Wer aber selbst unverständig ist und fremden Rat nicht hört und beherzigt, der Mann ist nicht zu gebrauchen.

Du aber denke stets an mein Gebot! Arbeite, Perses, gottvoller Kerl, auf daß der Hunger dich hasse, Demeter aber liebe, die schönbekränzte, hehre, und deine Scheuer mit Nahrung fülle. Hunger ist ja dem Faulen durchaus ein treuer Gefährte. Dem aber zürnen Götter und Menschen, der faul dahinlebt nach Art der stachellosen Drohnen, die faule Prasser sind und den mühsam geernteten Honig der Bienen verfressen; du aber tue mit Lust beizeiten die Feldarbeit, damit sich deine Scheuer mit reifem Ertrag fülle. Arbeit macht Männer reich an Herden und Habe, denn wer zupackt, ist Göttern um vieles erwünschter [und auch Menschen, denn Faulpelze hassen sie gründlich]. Arbeit bringt keine Schande, Nichtstun aber ist Schande. Regst du dich näm-

εἰ δέ κεν ἐργάζῃ, τάχα σε ζηλώσει ἀεργός
πλουτεῦντα· πλούτῳ δ' ἀρετὴ καὶ κῦδος ὀπηδεῖ.
δαίμονι δ' οἷος ἔησθα, τὸ ἐργάζεσθαι ἄμεινον,
εἴ κεν ἀπ' ἀλλοτρίων κτεάνων ἀεσίφρονα θυμόν
ἐς ἔργον τρέψας μελετᾷς βίου, ὥς σε κελεύω.
αἰδὼς δ' οὐκ ἀγαθὴ κεχρημένον ἄνδρα κομίζει,
αἰδώς, ἥ τ' ἄνδρας μέγα σίνεται ἠδ' ὀνίνησιν,
αἰδώς τοι πρὸς ἀνολβίῃ, θάρσος δὲ πρὸς ὄλβῳ.
Χρήματα δ' οὐχ ἁρπακτά, θεόσδοτα πολλὸν ἀμείνω.
εἰ γάρ τις καὶ χερσὶ βίῃ μέγαν ὄλβον ἕληται,
ἢ ὅ γ' ἀπὸ γλώσσης ληίσσεται, οἷά τε πολλά
γίγνεται, εὖτ' ἂν δὴ κέρδος νόον ἐξαπατήσῃ
ἀνθρώπων, αἰδῶ δέ τ' ἀναιδείη κατοπάζῃ·
ῥεῖα δέ μιν μαυροῦσι θεοί, μινύθουσι δὲ οἶκον
ἀνέρι τῷ, παῦρον δέ τ' ἐπὶ χρόνον ὄλβος ὀπηδεῖ.
Ἶσον δ' ὅς θ' ἱκέτην ὅς τε ξεῖνον κακὸν ἔρξει,
ὅς τε κασιγνήτοιο ἑοῦ ἀνὰ δέμνια βαίνῃ
κρυπταδίης εὐνῆς ἀλόχου, παρακαίρια ῥέζων,
ὅς τέ τευ ἀφραδίῃς ἀλιταίνητ' ὀρφανὰ τέκνα,
ὅς τε γονῆα γέροντα κακῷ ἐπὶ γήραος οὐδῷ
νεικείῃ χαλεποῖσι καθαπτόμενος ἐπέεσσιν·
τῷ δ' ἦ τοι Ζεὺς αὐτὸς ἀγαίεται, ἐς δὲ τελευτήν
ἔργων ἀντ' ἀδίκων χαλεπὴν ἐπέθηκεν ἀμοιβήν.
ἀλλὰ σὺ τῶν μὲν πάμπαν ἔεργ' ἀεσίφρονα θυμόν.
Κὰδ δύναμιν δ' ἔρδειν ἱέρ' ἀθανάτοισι θεοῖσιν
ἁγνῶς καὶ καθαρῶς, ἐπὶ δ' ἀγλαὰ μηρία καίειν·
ἄλλοτε δὲ σπονδῇσι θύεσσί τε ἱλάσκεσθαι,
ἠμὲν ὅτ' εὐνάζῃ καὶ ὅτ' ἂν φάος ἱερὸν ἔλθῃ,

lich, beneidet dich bald der Faule, weil du reich wirst. Den Reichtum aber begleiten Ehre und Ansehen. Narr, der du warst! Für dich ist Arbeit ein Segen, wenn du den törichten Sinn von fremdem Gut ab- und [315] zur Arbeit hinwendest und für dein Brot sorgst, wie ich dir rate. Mißliche Scham begleitet den bedürftigen Mann; Scham ist ja für Männer sehr schädlich (freilich auch nützlich); Scham folgt der Armut, Selbstgefühl dagegen dem Reichtum.

Nicht geraubte Güter sind großer Segen, sondern nur, was Götter uns schenken. [320] Denn mag einer auch kraft seiner Faust große Güter erraffen oder zungenfertig erschwatzen (wie es oft geschieht, wenn Habgier den Sinn der Menschen verblendet und Frechheit alle Scheu verjagt), so stürzen die Götter leicht diesen Mann, lassen sein Haus schwinden, [325] und kurze Zeit nur bleibt ihm der Wohlstand.

Ähnlichen Frevel begeht, wer einen Schützling oder Fremden mißhandelt oder das Bett seines Bruders besteigt zu schamlosem Tun mit der Gattin auf heimlichem Lager oder sich ohne Verstand an Waisen versündigt und den [330] greisen Vater an der schlimmen Schwelle des Alters beschimpft und mit harten Worten anfährt; dem grollt wahrhaftig Zeus selbst und belegt ihn zuletzt für sein ruchloses Tun mit drückender Buße. Du aber halte dein törichtes Trachten ganz fern von solcher Schuld.

[335] Deinen Mitteln entsprechend bereite den unsterblichen Göttern die Opfer rein und frei von Beflekkung und verbrenne ihnen glänzende Schenkelstücke. Dann wieder stimme sie mit Weinspenden und Weihrauch gnädig, wenn du zu Bett gehst und wenn das heilige Licht wiederkehrt, auf daß sie dir Gnade in Herz

ὥς κέ τοι ἵλαον κραδίην καὶ θυμὸν ἔχωσιν,
ὄφρ' ἄλλων ὠνῇ κλῆρον, μὴ τὸν τεὸν ἄλλος.
Τὸν φιλέοντ' ἐπὶ δαῖτα καλεῖν, τὸν δ' ἐχθρὸν ἐᾶσαι·
τὸν δὲ μάλιστα καλεῖν, ὅστις σέθεν ἐγγύθι ναίει·
εἰ γάρ τοι καὶ χρῆμ' ἐγχώριον ἄλλο γένηται,
γείτονες ἄζωστοι ἔκιον, ζώσαντο δὲ πηοί.
πῆμα κακὸς γείτων, ὅσσον τ' ἀγαθὸς μέγ' ὄνειαρ.
ἔμμορέ τοι τιμῆς, ὅς τ' ἔμμορε γείτονος ἐσθλοῦ.
οὐδ' ἂν βοῦς ἀπόλοιτ', εἰ μὴ γείτων κακὸς εἴη.
εὖ μὲν μετρεῖσθαι παρὰ γείτονος, εὖ δ' ἀποδοῦναι,
αὐτῷ τῷ μέτρῳ, καὶ λώιον, αἴ κε δύνηαι,
ὡς ἂν χρηίζων καὶ ἐς ὕστερον ἄρκιον εὕρῃς.
μὴ κακὰ κερδαίνειν· κακὰ κέρδεα ἶσ' ἄτῃσιν.
τὸν φιλέοντα φιλεῖν καὶ τῷ προσιόντι προσεῖναι.
καὶ δόμεν, ὅς κεν δῷ, καὶ μὴ δόμεν, ὅς κεν μὴ δῷ.
δώτῃ μέν τις ἔδωκεν, ἀδώτῃ δ' οὔ τις ἔδωκεν.
δὼς ἀγαθή, ἅρπαξ δὲ κακή, θανάτοιο δότειρα.
ὃς μὲν γάρ κεν ἀνὴρ ἐθέλων, ὅ γε καὶ μέγα δοίῃ,
χαίρει τῷ δώρῳ καὶ τέρπεται ὃν κατὰ θυμόν·
ὃς δέ κεν αὐτὸς ἕληται ἀναιδείηφι πιθήσας,
καί τε σμικρὸν ἐόν, τό γ' ἐπάχνωσεν φίλον ἦτορ.
εἰ γάρ κεν καὶ σμικρὸν ἐπὶ σμικρῷ καταθεῖο
καὶ θαμὰ τοῦτ' ἔρδοις, τάχα κεν μέγα καὶ τὸ γένοιτο.
ὃς δ' ἐπ' ἐόντι φέρει, ὁ δ' ἀλέξεται αἴθοπα λιμόν.
οὐδὲ τό γ' ἐν οἴκῳ κατακείμενον ἀνέρα κήδει.
οἴκοι βέλτερον εἶναι, ἐπεὶ βλαβερὸν τὸ θύρηφιν.

und Sinn bewahren [340] und du fremden Grund erwirbst, nicht ein anderer den deinen.

Wer dein Freund ist, den lade zum Mahl, beim Feind unterlaß es; den aber lade vor allen, der in deiner Nähe wohnt. Stößt dir nämlich auf dem Hof ein Unglück zu, rennen die Nachbarn ungegürtet herbei, während die Vettern sich erst lang gürten. [345] Ein böser Nachbar ist eine Plage, so sehr wie ein guter dir Glück bringt. Geltung wird dem zuteil, dem ein guter Nachbar zuteil ward. Auch wirst du wohl kaum ein Rind verlieren, wenn nicht der Nachbar ein Schuft ist. Laß dir vom Nachbarn gut zumessen und erstatte ihm reichlich mit gleichem Maß, ja reichlicher noch, wenn du es vermagst, [350] damit du auch später in der Not einen verläßlichen Freund an ihm findest. Suche nicht schlechten Gewinn, denn Betrug ist so viel wie Verderben. Freund sei dem Freund und stehe dem bei, der dir beisteht. Gib auch dem, der dir gibt, und gib dem nicht, der nicht gibt. Dem Geber gibt jeder gern, dem Nichtgeber niemand. [355] Geben ist gut, Raub hingegen ein Unrecht und führt ins Verderben. Schenkt nämlich ein Mann bereitwillig, und wär' es ein Großes, freut ihn die eigene Gabe, und er spendet fröhlichen Herzens. Rafft es aber der andere selbst und traut seiner Frechheit, erkaltet unser Herz, und gehe es nur um Geringes. [360] Legst du nämlich zu Kleinem auch nur ein Kleines hinzu und tust du es häufig, wird bald ein Großes auch daraus, und wer zum Vorrat hinzulegt, der wehrt dem brennenden Hunger. Auch schafft, was im Hause gespart liegt, dem Mann keine Sorge. Besser ist es, wenn etwas im Haus bleibt, denn das Draußen bringt Schaden. [365] Gut ist es, vom Vorrat zu nehmen, doch kränkt es

ἐσθλὸν μὲν παρεόντος ἑλέσθαι, πῆμα δὲ θυμῷ
χρηίζειν ἀπεόντος, ἅ σε φράζεσθαι ἄνωγα.
Ἀρχομένου δὲ πίθου καὶ λήγοντος κορέσασθαι,
μεσσόθι φείδεσθαι· δειλὴ δ' ἐν πυθμένι φειδώ.
μισθὸς δ' ἀνδρὶ φίλῳ εἰρημένος ἄρκιος ἔστω.
καί τε κασιγνήτῳ γελάσας ἐπὶ μάρτυρα θέσθαι.
πίστιες ἄρ τοι ὁμῶς καὶ ἀπιστίαι ὤλεσαν ἄνδρας.
μὴ δὲ γυνή σε νόον πυγοστόλος ἐξαπατάτω
αἱμύλα κωτίλλουσα, τεὴν διφῶσα καλιήν.
ὃς δὲ γυναικὶ πέποιθε, πέποιθ' ὅ γε φηλήτῃσιν.
μουνογενὴς δὲ πάις εἴη πατρώιον οἶκον
φερβέμεν· ὣς γὰρ πλοῦτος ἀέξεται ἐν μεγάροισιν.
γηραιὸς δὲ θάνοι ἕτερον παῖδ' ἐγκαταλείπων.
ῥεῖα δέ κεν πλεόνεσσι πόροι Ζεὺς ἄσπετον ὄλβον.
πλείων μὲν πλεόνων μελέτη, μείζων δ' ἐπιθήκη.
σοὶ δ' εἰ πλούτου θυμὸς ἐέλδεται ἐν φρεσὶ ᾗσιν,
ὧδ' ἔρδειν, καὶ ἔργον ἐπ' ἔργῳ ἐργάζεσθαι.

Πληιάδων Ἀτλαγενέων ἐπιτελλομενάων
ἄρχεσθ' ἀμήτου, ἀρότοιο δὲ δυσομενάων.
αἳ δή τοι νύκτας τε καὶ ἤματα τεσσαράκοντα
κεκρύφαται, αὖτις δὲ περιπλομένου ἐνιαυτοῦ
φαίνονται τὰ πρῶτα χαρασσομένοιο σιδήρου.
οὗτός τοι πεδίων πέλεται νόμος, οἵ τε θαλάσσης
ἐγγύθι ναιετάουσ', οἵ τ' ἄγκεα βησσήεντα,
πόντου κυμαίνοντος ἀπόπροθι, πίονα χῶρον
ναίουσιν· γυμνὸν σπείρειν, γυμνὸν δὲ βοωτεῖν,
γυμνὸν δ' ἀμάειν, εἴ χ' ὥρια πάντ' ἐθέλησθα
ἔργα κομίζεσθαι Δημήτερος, ὥς τοι ἕκαστα
ὥρι' ἀέξηται, μή πως τὰ μέταξε χατίζων
πτώσσῃς ἀλλοτρίους οἴκους καὶ μηδὲν ἀνύσσῃς.

das Herz, zu brauchen, was mangelt, und ich mahne dich, dies zu bedenken.

Oben am Faß und unten am Grund iß tüchtig, doch spar in der Mitte; erbärmlich ist Sparen am Grunde. Lohn, mit dem Freund vereinbart, muß unveränderlich bleiben; [370] zieh selbst beim Bruder (wenn auch mit Scherzen) einen Zeugen bei, denn Zutrauen richtet so gut wie Mißtrauen Männer zugrunde. Laß dir auch nicht den Sinn vom süßen Geschwätz eines sterzwedelnden Weibes, das auf dein Häuschen aus ist, betören, denn wer einer Frau traut, der traut auch Dieben. [375] *Einen* Sohn nur habe, um das Haus des Vaters zu erhalten, denn so wächst der Wohlstand im Hause. Geht einer dann als Greis dahin, soll er schon einen Enkel im Haus hinterlassen. Freilich gewährt Zeus leicht auch mehreren beständigen Segen. Mehrere mehren zwar die Sorge, doch ist auch der Zuwachs größer. [380] Wünscht also dein Herz in der Brust Reichtum, dann handle so und wirke ein Werk nach dem anderen.

Steigt das Gestirn der atlasgebornen Pleiaden herauf, beginne die Ernte, das Pflügen aber, wenn sie hinabgehn. Vierzig Tage und Nächte waren sie nun [385] verborgen, tauchen aber im Umlauf des Jahres erstmals wieder auf, wenn die Sichel gewetzt wird. Dieses Gesetz gilt für Ebenen, ob man nun nahe am Meer oder fern der wogenden See tief in Bergtälern fruchtbaren Boden [390] bewohnt. Nackt säe, nackt pflüge, nackt mähe, willst du Demeters jegliches Werk beizeiten besorgen, damit dir auch alles rechtzeitig gedeihe und du nicht später aus Not fremde Höfe abbetteln mußt und doch nichts bekommst.

Ὡς καὶ νῦν ἐπ' ἔμ' ἦλθες· ἐγὼ δέ τοι οὐκ ἐπιδώσω
οὐδ' ἐπιμετρήσω· ἐργάζεο, νήπιε Πέρση,
ἔργα, τά τ' ἀνθρώποισι θεοὶ διετεκμήραντο,
μή ποτε σὺν παίδεσσι γυναικί τε θυμὸν ἀχεύων
ζητεύῃς βίοτον κατὰ γείτονας, οἱ δ' ἀμελῶσιν.
δὶς μὲν γὰρ καὶ τρὶς τάχα τεύξεαι· ἢν δ' ἔτι λυπῇς,
χρῆμα μὲν οὐ πρήξεις, σὺ δ' ἐτώσια πόλλ' ἀγορεύσεις·
ἀχρεῖος δ' ἔσται ἐπέων νομός. ἀλλά σ' ἄνωγα
φράζεσθαι χρειῶν τε λύσιν λιμοῦ τ' ἀλεωρήν.
Οἶκον μὲν πρώτιστα γυναῖκά τε βοῦν τ' ἀροτῆρα,
κτητήν, οὐ γαμετήν, ἥ τις καὶ βουσὶν ἕποιτο.
χρήματα δ' ἐν οἴκῳ πάντ' ἄρμενα ποιήσασθαι,
μὴ σὺ μὲν αἰτῇς ἄλλον, ὁ δ' ἀρνῆται, σὺ δὲ τητᾷ,
ἡ δ' ὥρη παραμείβηται, μινύθῃ δέ τοι ἔργον.
μηδ' ἀναβάλλεσθαι ἔς τ' αὔριον ἔς τε ἔνηφιν·
οὐ γὰρ ἐτωσιοεργὸς ἀνὴρ πίμπλησι καλιήν
οὐδ' ἀναβαλλόμενος· μελέτη δὲ τὸ ἔργον ὀφέλλει·
αἰεὶ δ' ἀμβολιεργὸς ἀνὴρ ἄτῃσι παλαίει.
Ἦμος δὴ λήγει μένος ὀξέος ἠελίοιο
καύματος ἰδαλίμου, μετοπωρινὸν ὀμβρήσαντος
Ζηνὸς ἐρισθενέος, μετὰ δὲ τρέπεται βρότεος χρώς
πολλὸν ἐλαφρότερος· δὴ γὰρ τότε Σείριος ἀστήρ
βαιὸν ὑπὲρ κεφαλῆς κηριτρεφέων ἀνθρώπων
ἔρχεται ἠμάτιος, πλεῖον δέ τε νυκτὸς ἐπαυρεῖ·
τῆμος ἀδηκτοτάτη πέλεται τμηθεῖσα σιδήρῳ
ὕλη, φύλλα δ' ἔραζε χέει πτόρθοιό τε λήγει·
τῆμος ἄρ' ὑλοτομεῖν μεμνημένος ὥρια ἔργα.
ὅλμον μὲν τριπόδην τάμνειν, ὕπερον δὲ τρίπηχυν,
ἄξονα δ' ἑπταπόδην· μάλα γάρ νύ τοι ἄρμενον οὕτω·

So kamst du ja auch zu mir, doch geb' ich dir nichts mehr drein und messe nichts weiter zu. Tu deine Arbeit, törichter Perses, wie es die Götter den Menschen bestimmten, damit du nicht mit Weib und Kind, dein Herz abhärmend, die Nachbarn um Brot anbettelst, diese aber die Achseln zucken. Zweimal nämlich, auch dreimal bekommst du wohl etwas, doch fällst du weiter lästig, richtest du gar nichts mehr aus, das viele Gerede wird nutzlos, dein Wortschwall vergeblich. Ich aber rate dir dringend, für Tilgung der Schulden und Abwehr des Hungers zu sorgen.

Erst ein Haus, dann eine Frau und den Ochsen zum Pflügen; die Frau sei gekauft, nicht gefreit und soll auch die Ochsen antreiben. Setze alles Gerät im Hause gut instand, sonst mußt du jemand anderen bitten, der Nein sagt, während du dastehst, die günstige Stunde verstreicht und dein Ertrag abnimmt. Nichts verschiebe auf morgen und übermorgen, denn nur, wer tüchtig anpackt und nicht alles verschiebt, füllt seine Scheuer. Zupacken fördert das Werk, und stets ringt ein säumiger Mann mit Unheil.

Lindert aber die mächtig sengende Sonne schon ihre schweißtreibende Hitze, schickt der machtvolle Zeus Herbstregen und wird es den Menschen viel leichter in ihrer Haut (denn nun zieht der Sirius nur kurz mehr am Tag übers Haupt der sterblichen Menschen und leuchtet länger zur Nachtzeit), da bleibt mit der Axt geschlagenes Holz am ehesten wurmfrei, streut Blätter zur Erde und stockt im Trieb; da nun fälle das Holz und denke an zeitgerechte Arbeit. Haue einen Mörser, drei Fuß hoch, die Keule drei Ellen lang, sieben Fuß lang aber die Achse; denn so nur stimmen die Maße.

εἰ δέ κεν ὀκταπόδην, ἀπὸ καὶ σφῦράν κε τάμοιο.
τρισπίθαμον δ' ἄψιν τάμνειν δεκαδώρῳ ἁμάξῃ.
πόλλ' ἐπικαμπύλα κᾶλα· φέρειν δὲ γύην, ὅτ' ἂν εὕρῃς,
ἐς οἶκον, κατ' ὄρος διζήμενος ἢ κατ' ἄρουραν,
πρίνινον· ὃς γὰρ βουσὶν ἀροῦν ὀχυρώτατός ἐστιν,
εὖτ' ἂν Ἀθηναίης δμῷος ἐν ἐλύματι πήξας
γόμφοισιν πελάσας προσαρήρεται ἱστοβοῆι.
δοιὰ δὲ θέσθαι ἄροτρα, πονησάμενος κατὰ οἶκον,
αὐτόγυον καὶ πηκτόν, ἐπεὶ πολὺ λώιον οὕτω·
εἴ χ' ἕτερον ἄξαις, ἕτερόν κ' ἐπὶ βουσὶ βάλοιο.
δάφνης δ' ἢ πτελέης ἀκιώτατοι ἱστοβοῆες,
δρυὸς ἔλυμα, πρίνου δὲ γύης. βόε δ' ἐνναετήρω
ἄρσενε κεκτῆσθαι, τῶν γὰρ σθένος οὐκ ἀλαπαδνόν,
ἥβης μέτρον ἔχοντε· τὼ ἐργάζεσθαι ἀρίστω.
οὐκ ἄν τώ γ' ἐρίσαντε ἐν αὔλακι κὰμ μὲν ἄροτρον
ἄξειαν, τὸ δὲ ἔργον ἐτώσιον αὖθι λίποιεν.
τοῖς δ' ἅμα τεσσαρακονταετὴς αἰζηὸς ἕποιτο
ἄρτον δειπνήσας τετράτρυφον, ὀκτάβλωμον,
ὃς ἔργου μελετῶν ἰθεῖάν κ' αὔλακ' ἐλαύνοι,
μηκέτι παπταίνων μεθ' ὁμήλικας, ἀλλ' ἐπὶ ἔργῳ
θυμὸν ἔχων· τοῦ δ' οὔ τι νεώτερος ἄλλος ἀμείνων
σπέρματα δάσσασθαι καὶ ἐπισπορίην ἀλέασθαι.
κουρότερος γὰρ ἀνὴρ μεθ' ὁμήλικας ἐπτοίηται.

Φράζεσθαι δ', εὖτ' ἂν γεράνου φωνὴν ἐπακούσῃς
ὑψόθεν ἐκ νεφέων ἐνιαύσια κεκληγυίης,
ἥ τ' ἀρότοιό τε σῆμα φέρει καὶ χείματος ὥρην
δεικνύει ὀμβρηροῦ· κραδίην δ' ἔδακ' ἀνδρὸς ἀβούτεω·

Hast du aber ein Achtfuß-Stück, hau dir noch einen Hammerstiel davon. Drei Spannen im Durchmesser mußt du das Rad für den zweieinhalb Fuß langen Wagen hauen. Vieles Holz ist auch krumm; nimm gefundenes Krummholz zum Pflug nach Hause, wenn du die Berge durchstöberst oder die Flur, eines aus Steineiche; denn das hält beim Pflügen mit Rindern am meisten aus, wenn es Athenes Knecht am Scharbaum befestigt, mit Pflöcken verkeilt und mit der Deichsel verbunden hat. Zwei Pflüge stelle dir hin und baue sie sorgsam im Hause, einen von selbst gekrümmten und einen gestückten, denn so ist es weitaus am besten. Bricht dir nämlich der eine, läßt du die Rinder den anderen aufs Feld holen. Lorbeer- oder Ulmendeichseln sind vor Wurmfraß am sichersten; der Scharbaum sei aus Eiche, aus Steineiche das Krummholz. Zwei Stiere im besten Alter schaffe an, neunjährige, denn deren Kraft ist unverwüstlich, und sie taugen zur Arbeit am besten. Diese brechen auch kaum im Streit den Pflug in der Furche, so daß das Feld dort unbestellt bliebe. Die Rinder aber soll ein vierzigjähriger Mann lenken, der das Viertel eines achtteiligen Brotes erhielt, nur seine Arbeit im Kopf hat, eine gerade Furche zieht und nicht mehr nach Gleichaltrigen schaut, sondern nur auf die Arbeit achtet. Ein anderer, jüngerer taugt nicht besser, die Saat zu verteilen und Nachsaat zu meiden. Der jüngere nämlich gafft immer nach seinen Gesellen.

Aufgemerkt, sobald du den Schrei des Kranichs hörst, der vom hohen Gewölk wie jedes Jahr seinen Ruf herabschickt, das Zeichen zum Pflügen gibt und die Zeit des Winterregens ankündigt; das beißt ins Herz des

δὴ τότε χορτάζειν ἕλικας βόας ἔνδον ἐόντας·
ῥηίδιον γὰρ ἔπος εἰπεῖν· βόε δὸς καὶ ἅμαξαν·
ῥηίδιον δ' ἀπανήνασθαι· πάρα δ' ἔργα βόεσσιν.
φησὶ δ' ἀνὴρ φρένας ἀφνειὸς πήξασθαι ἅμαξαν,
νήπιος, οὐδὲ τὸ οἶδ'· ἑκατὸν δέ τε δούρατ' ἁμάξης,
τῶν πρόσθεν μελέτην ἐχέμεν οἰκήια θέσθαι.
Εὖτ' ἂν δὲ πρώτιστ' ἄροτος θνητοῖσι φανήῃ,
δὴ τότ' ἐφορμηθῆναι ὁμῶς δμῶές τε καὶ αὐτός
αὔην καὶ διερὴν ἀρόων ἀρότοιο καθ' ὥρην,
πρωὶ μάλα σπεύδων, ἵνα τοι πλήθωσιν ἄρουραι.
ἔαρι πολεῖν· θέρεος δὲ νεωμένη οὔ σ' ἀπατήσει.
νειὸν δὲ σπείρειν ἔτι κουφίζουσαν ἄρουραν·
νειὸς ἀλεξιάρη παίδων εὐκηλήτειρα.
Εὔχεσθαι δὲ Διὶ χθονίῳ Δημήτερί θ' ἁγνῇ,
ἐκτελέα βρίθειν Δημήτερος ἱερὸν ἀκτήν,
ἀρχόμενος τὰ πρῶτ' ἀρότου, ὅτ' ἂν ἄκρον ἐχέτλης
χειρὶ λαβὼν ὅρπηκι βοῶν ἐπὶ νῶτον ἵκηαι
ἔνδρυον ἑλκόντων μεσάβων. ὁ δὲ τυτθὸς ὄπισθε
δμῷος ἔχων μακέλην πόνον ὀρνίθεσσι τιθείη
σπέρμα κατακρύπτων· εὐθημοσύνη γὰρ ἀρίστη
θνητοῖς ἀνθρώποις, κακοθημοσύνη δὲ κακίστη.
ὧδέ κεν ἁδροσύνῃ στάχυες νεύοιεν ἔραζε,
εἰ τέλος αὐτὸς ὄπισθεν Ὀλύμπιος ἐσθλὸν ὀπάζοι.
ἐκ δ' ἀγγέων ἐλάσειας ἀράχνια· καί σε ἔολπα
γηθήσειν βιότου αἱρεύμενον ἔνδον ἐόντος.

Mannes ohne Ochsengespann. Jetzt nämlich muß man krummhörnige Rinder in Stall und Futter haben, ist doch leicht gesagt: »Leih mir zwei Rinder und Wagen!« Leicht aber lehnt sich's auch ab: »Aber meine Rinder haben selbst zu schaffen.« Meint ein Siebengescheiter: »Ich baue mir leicht einen Wagen«, ist er ein Tor, der nichts davon versteht, denn es gibt hundert Hölzer für Wagen, die man vorher beschaffen und im Haus bereitlegen muß.

Sobald sich aber den Menschen die Pflügezeit einstellt, da heißt es für Knechte wie Herrn sich sputen, feuchtes und trockenes Land zur Pflügezeit zu ackern und sich schon früh am Tag zu mühen, damit deine Felder vollen Ertrag bringen. Im Frühjahr brich das Feld um; pflügst du es nochmals im Sommer, wird es dich nicht enttäuschen. Brachland säe an, wenn die Krume noch locker ist; Neusaat bannt Not und schafft zufriedene Kinder.

Bete zu Zeus in der Tiefe und zu Demeter, der hehren, daß sich Demeters heilige Frucht zu reifer Schwere vollende; tue es, wenn du mit Pflügen beginnst, Hand an den Sterzgriff legst und mit dem Stecken über den Rücken der Rinder gehst, die die Stränge am Deichselknopf anziehn. Der kleine Knecht aber soll hinterdrein gehen, den Samen mit der Harke zudecken und es den Vögeln schwermachen. Sorgfalt ist nämlich für sterbliche Menschen das Beste, Nachlässigkeit aber verderblich. So neigen sich Ähren in Fülle zur Erde, wenn Zeus selbst, der Olympier, sie am Ende glücklich reifen läßt. Dann kannst du aus den Krügen die Spinnweben wischen und später frohgemut, wie ich hoffe, vom Vorrat im Hause nehmen. Wohlversorgt erreichst du den schim-

εὐοχθέων δ' ἵξεαι πολιὸν ἔαρ, οὐδὲ πρὸς ἄλλους
αὐγάσεαι· σέο δ' ἄλλος ἀνὴρ κεχρημένος ἔσται.
Εἰ δέ κεν ἠελίοιο τροπῇς ἀρόῳς χθόνα δῖαν,
ἥμενος ἀμήσεις ὀλίγον περὶ χειρὸς ἐέργων,
ἀντία δεσμεύων κεκονιμένος, οὐ μάλα χαίρων,
οἴσεις δ' ἐν φορμῷ· παῦροι δέ σε θηήσονται.
ἄλλοτε δ' ἀλλοῖος Ζηνὸς νόος αἰγιόχοιο,
ἀργαλέος δ' ἄνδρεσσι καταθνητοῖσι νοῆσαι.
εἰ δέ κεν ὄψ' ἀρόσῃς, τόδε κέν τοι φάρμακον εἴη·
ἦμος κόκκυξ κοκκύζει δρυὸς ἐν πετάλοισι
τὸ πρῶτον, τέρπει δὲ βροτοὺς ἐπ' ἀπείρονα γαῖαν,
τῆμος Ζεὺς ὕοι τρίτῳ ἤματι μηδ' ἀπολήγοι,
μήτ' ἄρ' ὑπερβάλλων βοὸς ὁπλὴν μήτ' ἀπολείπων·
οὕτω κ' ὀψαρότης πρωιηρότῃ ἰσοφαρίζοι.
ἐν θυμῷ δ' εὖ πάντα φυλάσσεο· μηδέ σε λήθοι
μήτ' ἔαρ γιγνόμενον πολιὸν μήθ' ὥριος ὄμβρος.
Πὰρ δ' ἴθι χάλκειον θῶκον καὶ ἐπαλέα λέσχην
ὥρῃ χειμερίῃ, ὁπότε κρύος ἀνέρα ἔργων
ἰσχάνει, ἔνθα κ' ἄοκνος ἀνὴρ μέγα οἶκον ὀφέλλοι,
μή σε κακοῦ χειμῶνος ἀμηχανίη καταμάρψῃ
σὺν πενίῃ, λεπτῇ δὲ παχὺν πόδα χειρὶ πιέζῃς.
πολλὰ δ' ἀεργὸς ἀνήρ κενεὴν ἐπὶ ἐλπίδα μίμνων,
χρηίζων βιότοιο κακὰ προσελέξατο θυμῷ.
ἐλπὶς δ' οὐκ ἀγαθὴ κεχρημένον ἄνδρα κομίζει,
ἥμενον ἐν λέσχῃ, τῷ μὴ βίος ἄρκιος εἴη.
δείκνυε δὲ δμώεσσι θέρευς ἔτι μέσσου ἐόντος·
οὐκ αἰεὶ θέρος ἐσσεῖται, ποιεῖσθε καλιάς.

mernden Lenz und mußt nicht nach anderen sehen, sondern ein anderer bedarf deiner.

Pflügst du aber die göttliche Erde erst zur Wintersonnwende, dann mähst du hockend das Korn, und die Ähren füllen die Hand nicht; du bindest die Ähren über Kreuz, wirst eingestaubt, hast wenig Freude, trägst sie auch nur im Korb heim und findest bei wenigen Ansehn. Doch ist der Sinn des die Aigis führenden Zeus erst so und dann wieder anders, ist auch für sterbliche Menschen nur schwer zu ergründen. Hast du nämlich zu spät gesät, dann gäbe es folgende Heilung: Ruft der Kuckuck erstmals im Jahr »Kuckuck« im Laub der Eiche und erfreut die Menschen auf der unendlichen Erde, dann läßt es Zeus vielleicht drei Tage lang regnen, nicht mehr, als daß es die Spur eines Maultiers füllt, doch auch nicht weniger. So holt der Spätpflüger den Frühpflüger wohl noch ein. Achte gut auf beides in deinem Sinn und übersieh weder den Beginn des hellen Frühlings noch rechtzeitigen Regen.

Geh im Winter an der Werkstatt des Schmieds und am warmen Gemeindesaal vorbei, wenn Frost den Mann von der Feldarbeit abhält, einer aber, der sich's nicht verdrießen läßt, das Hauswesen tüchtig voranbringt, damit der böse Winter dich nicht mit Not und Mangel ereilt und du mit dürrer Hand den dick geschwollenen Fuß drückst. Oft baut ein Nichtstuer auf eitle Hoffnung und öffnet in der Not sein Herz dem Bösen. Wenig nur nützt die Hoffnung, die ein Darbender hegt, der im Gemeindesaal herumhockt und nicht genug zum Leben hat. Weise auch die Knechte noch mitten im Sommer an: »Ewig währt der Sommer ja nicht, drum flickt eure Hütten!«

Μῆνα δὲ Ληναιῶνα, κάκ' ἤματα, βουδόρα πάντα,
τοῦτον ἀλεύασθαι, καὶ πηγάδας, αἵ τ' ἐπὶ γαῖαν
πνεύσαντος Βορέαο δυσηλεγέες τελέθουσιν,
ὅς τε διὰ Θρήκης ἱπποτρόφου εὐρέι πόντῳ
ἐμπνεύσας ὤρινε· μέμυκε δὲ γαῖα καὶ ὕλη·
πολλὰς δὲ δρῦς ὑψικόμους ἐλάτας τε παχείας
οὔρεος ἐν βήσσῃς πιλνᾷ χθονὶ πουλυβοτείρῃ
ἐμπίπτων, καὶ πᾶσα βοᾷ τότε νήριτος ὕλη.
θῆρες δὲ φρίσσουσ', οὐρὰς δ' ὑπὸ μέζε' ἔθεντο,
τῶν καὶ λάχνῃ δέρμα κατάσκιον· ἀλλά νυ καὶ τῶν
ψυχρὸς ἐὼν διάησι δασυστέρνων περ ἐόντων.
καί τε διὰ ῥινοῦ βοὸς ἔρχεται, οὐδέ μιν ἴσχει·
καί τε δι' αἶγα ἄησι τανύτριχα· πώεα δ' οὔ τι,
οὕνεκ' ἐπηεταναὶ τρίχες αὐτῶν, οὐ διάησι
ἲς ἀνέμου Βορέω· τροχαλὸν δὲ γέροντα τίθησιν.
καὶ διὰ παρθενικῆς ἁπαλόχροος οὐ διάησιν,
ἥ τε δόμων ἔντοσθε φίλῃ παρὰ μητέρι μίμνει
οὔ πω ἔργα ἰδυῖα πολυχρύσου Ἀφροδίτης·
εὖ τε λοεσσαμένη τέρενα χρόα καὶ λίπ' ἐλαίῳ
χρισαμένη μυχίη καταλέξεται ἔνδοθι οἴκου
ἤματι χειμερίῳ, ὅτ' ἀνόστεος ὃν πόδα τένδει
ἔν τ' ἀπύρῳ οἴκῳ καὶ ἤθεσι λευγαλέοισιν.
οὐ γάρ οἱ ἠέλιος δείκνυ νομὸν ὁρμηθῆναι·
ἀλλ' ἐπὶ κυανέων ἀνδρῶν δῆμόν τε πόλιν τε
στρωφᾶται, βράδιον δὲ Πανελλήνεσσι φαείνει.
καὶ τότε δὴ κεραοὶ καὶ νήκεροι ὑληκοῖται
λυγρὸν μυλιόωντες ἀνὰ δρία βησσήεντα
φεύγουσιν· καὶ πᾶσιν ἐνὶ φρεσὶ τοῦτο μέμηλεν,
οἳ σκέπα μαιόμενοι πυκινοὺς κευθμῶνας ἔχωσι
καὶ γλάφυ πετρῆεν. τότε δὴ τρίποδι βροτοὶ ἶσοι,

Meide den Monat Lenaion, die bösen, ganz und gar rinderschindenden Tage, und das schlimme Glatteis, das am Boden gefriert, wenn der Nordwind bläst, der durch das rossenährende Thrakien fährt und das weite Meer brausend aufwühlt. Erde und Wald stöhnen; viele hochwipflige Eichen und breite Fichten stürzt er, an Berghängen einfallend, zur vielnährenden Erde, und dann hallt der ganze riesige Bergwald. Tiere zittern, und mögen bei manchen auch Zotten den Balg umhüllen, klemmen sie doch den Schweif ans Geschlecht; aber selbst diese durchbläst der kalte Wind, so dicht ihre Brust auch bepelzt ist. Er dringt sogar durchs Fell der Rinder, das ihn nicht abwehrt. Selbst durch die zottige Geiß bläst er hindurch, und nur Schafe, deren dichtes Vlies übers Jahr wuchs, durchbläst der mächtige Nordwind nicht; dem Greis aber macht er noch Beine. Auch ein Mädchen mit zarter Haut durchbläst er nicht, das drinnen im Haus bei der Mutter verweilt, unerfahren noch in den Werken der goldenen Aphrodite. Sorgsam badet sie den zarten Leib, pflegt ihn mit fettem Salböl und legt sich im innersten Winkel des Hauses nieder am Wintertag, wenn der Beinlose [Polyp] am eigenen Fuß nagt in glutlosem Haus und düsterer Wohnung. Denn nicht weist ihm Sonne die Trift, um dorthin zu eilen, sondern weilt beim Volk und bei der Gemeinde dunkelfarbiger Männer und leuchtet träg nur allen Hellenen. Nun fliehen horntragende wie hornlose Waldbewohner, kläglich mit Zähnen mahlend, durchs Gestrüpp der Hänge, und alle denken nur an Schutz und wollen ein Lager in festem Dickicht und felsiger Höhle gewinnen. Wie Dreifüße kommen nun Menschen daher mit gebeugtem Rücken, den

οὖ τ' ἐπὶ νῶτα ἔαγε, κάρη δ' εἰς οὖδας ὁρᾶται,
τῷ ἴκελοι φοιτῶσιν ἀλευόμενοι νίφα λευκήν.
Καὶ τότε ἕσσασθαι ἔρυμα χροός, ὥς σε κελεύω,
χλαῖνάν τε μαλακὴν καὶ τερμιόεντα χιτῶνα·
στήμονι δ' ἐν παύρῳ πολλὴν κρόκα μηρύσασθαι·
τὴν περιέσσασθαι, ἵνα τοι τρίχες ἀτρεμέωσι
μηδ' ὀρθαὶ φρίσσωσιν ἀειρόμεναι κατὰ σῶμα·
ἀμφὶ δὲ ποσσὶ πέδιλα βοὸς ἶφι κταμένοιο
ἄρμενα δήσασθαι, πίλοις ἔντοσθε πυκάσσας.
πρωτογόνων δ' ἐρίφων, ὁπότ' ἂν κρύος ὥριον ἔλθῃ,
δέρματα συρράπτειν νεύρῳ βοός, ὄφρ' ἐπὶ νώτῳ
ὑετοῦ ἀμφιβάλῃ ἀλέην· κεφαλῆφι δ' ὕπερθεν
πῖλον ἔχειν ἀσκητόν, ἵν' οὔατα μὴ καταδεύῃ.
ψυχρὴ γάρ τ' ἠὼς πέλεται Βορέαο πεσόντος·
ἠώιος δ' ἐπὶ γαῖαν ἀπ' οὐρανοῦ ἀστερόεντος
ἀὴρ πυροφόροις τέταται μακάρων ἐπὶ ἔργοις·
ὅς τε ἀρυσσάμενος ποταμῶν ἄπο αἰεναόντων,
ὑψοῦ ὑπὲρ γαίης ἀρθεὶς ἀνέμοιο θυέλλῃ
ἄλλοτε μέν θ' ὕει ποτὶ ἕσπερον, ἄλλοτ' ἄησι
πυκνὰ Θρηικίου Βορέω νέφεα κλονέοντος.
τὸν φθάμενος ἔργον τελέσας οἶκόνδε νέεσθαι,
μή ποτέ σ' οὐρανόθεν σκοτόεν νέφος ἀμφικαλύψῃ,
χρῶτα δὲ μυδαλέον θήῃ κατά θ' εἵματα δεύσῃ.
ἀλλ' ὑπαλεύασθαι· μεὶς γὰρ χαλεπώτατος οὗτος
χειμέριος, χαλεπὸς προβάτοις, χαλεπὸς δ' ἀνθρώποις.
τῆμος τὤμισυ βουσίν, ἐπ' ἀνέρι δὲ πλέον εἴη
ἁρμαλιῆς· μακραὶ γὰρ ἐπίρροθοι εὐφρόναι εἰσίν.
ταῦτα φυλασσόμενος τετελεσμένον εἰς ἐνιαυτόν
ἰσοῦσθαι νύκτας τε καὶ ἤματα, εἰς ὅ κεν αὖτις
γῆ πάντων μήτηρ καρπὸν σύμμικτον ἐνείκῃ.

Kopf zu Boden gesenkt; ganz so schleichen sie hin und suchen den weißen Schnee zu vermeiden.

Nun schütze den Leib in bergender Hülle, wie ich dir rate, in flauschigem Mantel und fußlangem Leibrock (weit sei die Kette und reichlich Einschlag genommen); so einen lege um, damit sich dir nicht am ganzen Körper die Haare steil aufstellen und zitternd sträuben. An die Füße aber binde dir passende Schuhe vom gewaltsam geschlachteten Rind, innen dick mit Filz gefüttert. Wenn die Frostzeit naht, nähe Felle von Erstlingslämmern mit Rindersehne zusammen, um sie als Regenschutz über den Rücken zu werfen. Auf dem Kopf aber trage den tüchtigen Filz, damit dir die Ohren nicht triefen. Eisig ist nämlich der Morgen beim Einfall des Nordwinds, und Morgenluft breitet sich vom sternbesäten Himmel zur Erde über weizentragende Felder der Reichen; sie sättigt sich aus immer strömenden Flüssen und wird vom brausenden Wind hoch über die Erde getragen. Bald regnet sie gegen Abend herab, bald verweht sie, wenn der thrakische Nordwind die dichten Schwaden dahintreibt. Dem komme zuvor, bringe die Feldarbeit zu Ende und eile zum Hof, damit dich kein dunkles Gewölk vom Himmel her einhüllt, dir die Haut triefen macht und die Kleider durchnäßt. Nein, das mußt du vermeiden, ist dies doch der schlimmste Monat im Winter, schlimm für die Schafe und schlimm für die Menschen. Nun gib den Ochsen nur das halbe Futter, den Knechten aber ein wenig darüber (ihnen kommen ja auch die langen Nächte zugute). Dies beachte und teile ihnen, den Tagen und Nächten entsprechend, bis zum Jahresende zu, bis Allmutter Erde wieder vielerlei Früchte hervorbringt.

Εὖτ' ἂν δ' ἑξήκοντα μετὰ τροπὰς ἠελίοιο
χειμέρι' ἐκτελέσῃ Ζεὺς ἤματα, δή ῥα τότ' ἀστὴρ
Ἀρκτοῦρος προλιπὼν ἱερὸν ῥόον Ὠκεανοῖο
πρῶτον παμφαίνων ἐπιτέλλεται ἀκροκνέφαιος.
τὸν δὲ μέτ' ὀρθογόη Πανδιονὶς ὦρτο χελιδὼν
ἐς φάος ἀνθρώποις, ἔαρος νέον ἱσταμένοιο.
τὴν φθάμενος οἴνας περιταμνέμεν· ὣς γὰρ ἄμεινον.
Ἀλλ' ὁπότ' ἂν φερέοικος ἀπὸ χθονὸς ἂμ φυτὰ βαίνῃ
Πληιάδας φεύγων, τότε δὴ σκάφος οὐκέτι οἰνέων,
ἀλλ' ἅρπας τε χαρασσέμεναι καὶ δμῶας ἐγείρειν·
φεύγειν δὲ σκιεροὺς θώκους καὶ ἐπ' ἠόα κοῖτον
ὥρῃ ἐν ἀμήτου, ὅτε τ' ἠέλιος χρόα κάρφει.
τημοῦτος σπεύδειν καὶ οἴκαδε καρπὸν ἀγινεῖν
ὄρθρου ἀνιστάμενος, ἵνα τοι βίος ἄρκιος εἴη.
ἠὼς γὰρ τ' ἔργοιο τρίτην ἀπομείρεται αἶσαν·
ἠώς τοι προφέρει μὲν ὁδοῦ, προφέρει δὲ καὶ ἔργου,
ἠώς, ἥ τε φανεῖσα πολέας ἐπέβησε κελεύθου
ἀνθρώπους πολλοῖσί τ' ἐπὶ ζυγὰ βουσὶ τίθησιν.
Ἦμος δὲ σκόλυμός τ' ἀνθεῖ καὶ ἠχέτα τέττιξ
δενδρέῳ ἐφεζόμενος λιγυρὴν καταχεύετ' ἀοιδὴν
πυκνὸν ὑπὸ πτερύγων θέρεος καματώδεος ὥρῃ,
τῆμος πιόταταί τ' αἶγες καὶ οἶνος ἄριστος,
μαχλόταται δὲ γυναῖκες, ἀφαυρότατοι δέ τοι ἄνδρες
εἰσίν, ἐπεὶ κεφαλὴν καὶ γούνατα Σείριος ἄζει,
αὐαλέος δέ τε χρὼς ὑπὸ καύματος· ἀλλὰ τότ' ἤδη
εἴη πετραίη τε σκιὴ καὶ βίβλινος οἶνος,
μάζα τ' ἀμολγαίη γάλα τ' αἰγῶν σβεννυμενάων
καὶ βοὸς ὑλοφάγοιο κρέας μή πω τετοκυίης
πρωτογόνων τ' ἐρίφων· ἐπὶ δ' αἴθοπα πινέμεν οἶνον,
ἐν σκιῇ ἑζόμενον, κεκορημένον ἦτορ ἐδωδῆς,

Hat aber Zeus nach der Sonnenwende sechzig Wintertage vollendet, dann nun entsteigt der Stern Arkturos der heiligen Flut des Okeanos und erscheint zuerst hell leuchtend im Dämmer des Abends. Nach ihm strebt Pandions Tochter, die schrill klagende Schwalbe, für die Menschen ins Licht, wenn der junge Frühling sich einstellt. Ihr komme zuvor und beschneide die Reben, denn so ist es richtig.

Wenn aber die Hausträgerin [Schnecke] vom Boden die Gewächse hinaufkriecht und die Pleiaden flieht, dann grabe nicht länger im Weinberg, nein, schärfe die Sicheln und scheuche die Knechte! Schluß mit schattigen Sitzen und Schlaf in den hellen Tag zur Zeit der Ernte, wenn Helios die Haut dörrt! An diesen Tagen spute dich, stehe früh auf und bringe die Feldfrucht ein, damit du reichlich Vorrat hast. Der Morgen nämlich schenkt dir ein Drittel des Tagwerks, der Morgen bringt dich in Weg und Werk voran, der Morgen, dessen Erscheinen viele Menschen auf die Straßen führt und vielen Rindern das Joch auflegt.

Blüht dann die Distel, sitzt die Zikade schrillend im Baum und gießt endlos helle Töne nieder, unter den Flügeln hervor, zur Zeit des lähmenden Sommers, dann sind die Geißen am fettesten und der Wein am besten, sind die Frauen am geilsten, die Männer aber am schlappsten, weil ihnen der Sirius Haupt und Knie dörrt und ihr Leib vom Gluthauch verschmachtet. Da nun suche Schatten am Fels und Thrakerwein, Gerstenbrot mit Milch von entwöhnten Ziegen, Fleisch einer Kuh, die frisches Laub geweidet und noch nicht gekalbt hat, oder von Erstlingszicklein. Dazu trinke feurigen Wein, gelagert im Schatten, das Herz mit Speise gesättigt, das

ἀντίον ἀκραέος Ζεφύρου τρέψαντα πρόσωπα·
κρήνης δ' αἰενάου καὶ ἀπορρύτου, ἥ τ' ἀθόλωτος,
τρὶς ὕδατος προχέειν, τὸ δὲ τέτρατον ἱέμεν οἴνου.
 Δμωσὶ δ' ἐποτρύνειν Δημήτερος ἱερὸν ἀκτήν
δινέμεν, εὖτ' ἂν πρῶτα φανῇ σθένος Ὠρίωνος,
χώρῳ ἐν εὐαέι καὶ ἐυτροχάλῳ ἐν ἀλωῇ.
μέτρῳ δ' εὖ κομίσασθαι ἐν ἄγγεσιν· αὐτὰρ ἐπὴν δή
πάντα βίον κατάθηαι ἐπάρμενον ἔνδοθι οἴκου,
θῆτά τ' ἄοικον ποιεῖσθαι καὶ ἄτεκνον ἔριθον
δίζησθαι κέλομαι· χαλεπὴ δ' ὑπόπορτις ἔριθος·
καὶ κύνα καρχαρόδοντα κομεῖν, μὴ φείδεο σίτου,
μή ποτέ σ' ἡμερόκοιτος ἀνὴρ ἀπὸ χρήμαθ' ἕληται.
χόρτον δ' ἐσκομίσαι καὶ συρφετόν, ὄφρα τοι εἴη
βουσὶ καὶ ἡμιόνοισιν ἐπηετανόν. αὐτὰρ ἔπειτα
δμῶας ἀναψῦξαι φίλα γούνατα καὶ βόε λῦσαι.
 Εὖτ' ἂν δ' Ὠαρίων καὶ Σείριος ἐς μέσον ἔλθῃ
οὐρανόν, Ἀρκτοῦρον δὲ ἴδῃ ῥοδοδάκτυλος Ἠώς,
ὦ Πέρση, τότε πάντας ἀποδρέπεν οἴκαδε βότρυς·
δεῖξαι δ' ἠελίῳ δέκα τ' ἤματα καὶ δέκα νύκτας,
πέντε δὲ συσκιάσαι, ἕκτῳ δ' εἰς ἄγγε' ἀφύσσαι
δῶρα Διωνύσου πολυγηθέος. αὐτὰρ ἐπὴν δή
Πληιάδες θ' Ὑάδες τε τό τε σθένος Ὠρίωνος
δύνωσιν, τότ' ἔπειτ' ἀρότου μεμνημένος εἶναι
ὡραίου· κλειὼν δὲ κατὰ χθονὸς ἄρμενος εἴη.

 Εἰ δέ σε ναυτιλίης δυσπεμφέλου ἵμερος αἱρεῖ,
εὖτ' ἂν Πληιάδες σθένος ὄβριμον Ὠρίωνος
φεύγουσαι πίπτωσιν ἐς ἠεροειδέα πόντον,
δὴ τότε παντοίων ἀνέμων θυίουσιν ἀῆται·
καὶ τότε μηκέτι νῆας ἔχειν ἐνὶ οἴνοπι πόντῳ,

Gesicht dem wehenden Zephyr zugewandt. Von der ständig sprudelnden Quelle, die gut abfließt und sich nicht eintrübt, schöpfe drei Teile Wasser, als vierten aber gib Wein zu.

Laß deine Knechte, sobald der Riese Orion erscheint, Demeters heiliges Korn dort dreschen, wo der Wind kräftig weht und die runde Tenne gestampft ist. Mit dem Maß fülle die Frucht sorgsam in Fässer. Wenn du aber jeglichen Vorrat richtig im Hause verwahrt hast, dann suche, das rate ich dir, einen Knecht ohne Hausstand und eine Magd ohne Kinder, denn eine, die schon gekalbt hat, ist lästig. Schaff auch einen Hund mit scharfem Gebiß an, spare nicht mit dem Futter, damit dir nicht gar ein Tagschläfer Hab und Gut raubt. Bringe auch Heu und Streu ein, damit du für Rinder und Maulesel das Jahr über ausreichst. Dann aber dürfen die Knechte die Glieder kühlen und die Ochsen ausspannen.

Stehen nun Orion und Sirius mitten am Himmel und grüßt die rosenfingrige Eos den Arkturos, dann, Perses, lies alle Trauben und bringe sie heim, breite sie aber noch zehn Tage und Nächte in der Sonne; fünf Tage laß sie im Schatten liegen, am sechsten jedoch fülle die Gaben des Freudespenders Dionysos in Krüge. Gehen aber dann die Pleiaden, die Hyaden und der Riese Orion unter, da denke zur rechten Zeit ans Pflügen und bringe die Saat richtig in die Erde.

Faßt dich aber Verlangen nach stürmischer Seefahrt: Wenn die Pleiaden vor dem gewaltigen Riesen Orion fliehen und ins dunkle Meer stürzen, (nun brausen stürmisch allerlei Winde), da laß mir kein Schiff mehr auf dem dunklen Meer, sondern bebaue bedachtsam das

γῆν δ' ἐργάζεσθαι μεμνημένος, ὥς σε κελεύω.
νῆα δ' ἐπ' ἠπείρου ἐρύσαι πυκάσαι τε λίθοισι
πάντοθεν, ὄφρ' ἴσχωσ' ἀνέμων μένος ὑγρὸν ἀέντων,
χείμαρον ἐξερύσας, ἵνα μὴ πύθῃ Διὸς ὄμβρος.
ὅπλα δ' ἐπάρμενα πάντα τεῷ ἐγκάτθεο οἴκῳ
εὐκόσμως στολίσας νηὸς πτερὰ ποντοπόροιο·
πηδάλιον δ' ἐυεργὲς ὑπὲρ καπνοῦ κρεμάσασθαι.
αὐτὸς δ' ὡραῖον μίμνειν πλόον, εἰς ὅ κεν ἔλθῃ·
καὶ τότε νῆα θοὴν ἅλαδ' ἑλκέμεν, ἐν δέ τε φόρτον
ἄρμενον ἐντύνασθαι, ἵν' οἴκαδε κέρδος ἄρηαι,
ὥσπερ ἐμός τε πατὴρ καὶ σός, μέγα νήπιε Πέρση,
πλωίζεσκ' ἐν νηυσί, βίου κεχρημένος ἐσθλοῦ·
ὅς ποτε καὶ τῇδ' ἦλθε, πολὺν διὰ πόντον ἀνύσσας,
Κύμην Αἰολίδα προλιπὼν ἐν νηὶ μελαίνῃ·
οὐκ ἄφενος φεύγων οὐδὲ πλοῦτόν τε καὶ ὄλβον,
ἀλλὰ κακὴν πενίην, τὴν Ζεὺς ἄνδρεσσι δίδωσιν.
νάσσατο δ' ἄγχ' Ἑλικῶνος ὀιζυρῇ ἐνὶ κώμῃ,
Ἄσκρῃ, χεῖμα κακῇ, θέρει ἀργαλέῃ, οὐδέ ποτ' ἐσθλῇ.

Τύνη δ', ὦ Πέρση, ἔργων μεμνημένος εἶναι
ὡραίων πάντων, περὶ ναυτιλίης δὲ μάλιστα.
νῆ' ὀλίγην αἰνεῖν, μεγάλῃ δ' ἐνὶ φορτία θέσθαι.
μείζων μὲν φόρτος, μεῖζον δ' ἐπὶ κέρδεϊ κέρδος
ἔσσεται, εἴ κ' ἄνεμοί γε κακὰς ἀπέχωσιν ἀήτας.
Εὖτ' ἂν ἐπ' ἐμπορίην τρέψας ἀεσίφρονα θυμόν
βούληαι χρέα τε προφυγεῖν καὶ λιμὸν ἀτερπέα,
δείξω δή τοι μέτρα πολυφλοίσβοιο θαλάσσης
οὔτε τι ναυτιλίης σεσοφισμένος οὔτε τι νηῶν.
οὐ γάρ πώ ποτε νηί γ' ἐπέπλων εὐρέα πόντον,

Feld, wie ich dir gebiete. Ziehe das Schiff an Land und sichere es rings mit Steinen, die dem Ansturm feucht wehender Winde wehren sollen; ziehe auch den Bodenzapfen, damit es nicht fault vom Regen des Zeus. Das ganze Takelwerk lege geordnet ins Haus und falte sorgsam die Schwingen des meerdurchfurchenden Schiffes; das wohlgebaute Steuer aber hänge in den Rauchfang. Du selbst warte ab, bis die rechte Zeit zur Ausfahrt herannaht. Dann erst ziehe das schnelle Schiff in die Salzflut und verstaue darin die passende Fracht, damit du Gewinn heimbringst, wie schon mein Vater und deiner, ganz törichter Perses, im Drang nach besserem Leben auf Schiffen fuhr. Der kam einst nach weiter Meerfahrt auch hierher und verließ das äolische Kyme auf dunklem Schiff, wahrlich nicht auf der Flucht vor Fülle, Reichtum und Wohlstand, sondern vor bitterer Armut, die Zeus den Menschen sendet. Er ließ sich aber am Helikon nieder, in Askra, einem elenden Nest, das schlimm ist im Winter, drückend im Sommer und niemals erfreulich.

Du aber, Perses, achte bei jeglicher Arbeit auf rechte Zeit, besonders aber bei Seefahrt. Lobe ein kleines Schiff, doch ins große lege die Ladung. Ist die Fracht nämlich größer, mehrt höherer Gewinn dein Vermögen, wenn nur die Winde sich widrigen Wehens enthalten.

Hast du dich aber im Leichtsinn der Kauffahrt verschrieben, willst der Not und schlimmem Hunger entrinnen, dann will ich dich Regeln der Fahrt im vielschäumenden Meer lehren, mag ich auch kein großer Kenner von Seefahrt und Schiffen sein. Nie sonst nämlich befuhr ich im Schiff das breite Meer, außer auf

εἰ μὴ ἐς Εὔβοιαν ἐξ Αὐλίδος, ᾗ ποτ' Ἀχαιοί
μείναντες χειμῶνα πολὺν σύν λαὸν ἄγειραν
Ἑλλάδος ἐξ ἱερῆς Τροίην ἐς καλλιγύναικα.
ἔνθα δ' ἐγὼν ἐπ' ἄεθλα δαΐφρονος Ἀμφιδάμαντος,
Χαλκίδα τ' εἰς ἐπέρησα· τὰ δὲ προπεφραδμένα πολλά
ἆθλ' ἔθεσαν παῖδες μεγαλήτορος· ἔνθα μέ φημι
ὕμνῳ νικήσαντα φέρειν τρίποδ' ὠτώεντα.
τὸν μὲν ἐγὼ Μούσῃς Ἑλικωνιάδεσσ' ἀνέθηκα,
ἔνθα με τὸ πρῶτον λιγυρῆς ἐπέβησαν ἀοιδῆς.
τόσσον τοι νηῶν γε πεπείρημαι πολυγόμφων.
ἀλλὰ καὶ ὣς ἐρέω Ζηνὸς νόον αἰγιόχοιο·
Μοῦσαι γάρ μ' ἐδίδαξαν ἀθέσφατον ὕμνον ἀείδειν.
 Ἤματα πεντήκοντα μετὰ τροπὰς ἠελίοιο,
ἐς τέλος ἐλθόντος θέρεος καματώδεος ὥρης,
ὡραῖος πέλεται θνητοῖς πλόος· οὔτε κε νῆα
καυάξαις οὔτ' ἄνδρας ἀποφθείσειε θάλασσα,
εἰ δὴ μὴ πρόφρων γε Ποσειδάων ἐνοσίχθων
ἢ Ζεὺς ἀθανάτων βασιλεὺς ἐθέλῃσιν ὀλέσσαι·
ἐν τοῖς γὰρ τέλος ἐστὶν ὁμῶς ἀγαθῶν τε κακῶν τε.
τῆμος δ' εὐκρινέες τ' αὖραι καὶ πόντος ἀπήμων·
εὔκηλος τότε νῆα θοὴν ἀνέμοισι πιθήσας
ἑλκέμεν ἐς πόντον φόρτον τ' ἐς πάντα τίθεσθαι,
σπεύδειν δ' ὅττι τάχιστα πάλιν οἶκόνδε νέεσθαι·
μηδὲ μένειν οἶνόν τε νέον καὶ ὀπωρινὸν ὄμβρον
καὶ χειμῶν' ἐπιόντα Νότοιό τε δεινὰς ἀήτας,
ὅς τ' ὤρινε θάλασσαν ὁμαρτήσας Διὸς ὄμβρῳ
πολλῷ ὀπωρινῷ χαλεπὸν δέ τε πόντον ἔθηκεν.
 Ἄλλος δ' εἰαρινὸς πέλεται πλόος ἀνθρώποισιν·

der Fahrt nach Euböa von Aulis, wo einst die Achäer das Ende des Sturms erharrten und vieles Heervolk versammelten vom heiligen Hellas zur Fahrt nach Troia voll herrlicher Frauen. Dort setzte ich nach Chalkis über zu Spielen für den tapferen Amphidamas. Die vielen angekündigten Preise aber stifteten die Söhne des Helden, und ich darf rühmend sagen, daß ich als Sieger im Lied den Dreifuß mit Henkeln errang. Diesen weihte ich dort den Helikonischen Musen, wo sie mich zuerst zur Bahn hellen Sanges geleitet. Bin ich auch nur so weit mit vielgenagelten Schiffen vertraut, will ich doch den Sinn des die Aigis schwingenden Zeus auch so verkünden, da mich die Musen lehrten, mein Lied ohne Begrenzung zu singen.

Fünfzig Tage nach Sonnenwende, wenn der Höhepunkt der lähmenden Sommerzeit da ist, dann ist für die Sterblichen die rechte Zeit zur Seefahrt; da wirst du weder Schiffbruch erleiden, noch wird dir das Meer die Männer verschlingen, es sei denn, der Erderschütterer Poseidon oder Zeus, der Unsterblichen König, wollten sie mit Vorsatz verderben. Liegt doch bei diesen der letzte Entscheid über Glück wie Unglück. Nun sind die Winde verläßlich, die See bleibt gefahrlos. Jetzt magst du heiteren Herzens den Winden vertrauen, das flinke Schiff ins Meer ziehen, alle Fracht einladen und eilen, um möglichst rasch wieder heimzukommen. Warte ja den heurigen Wein nicht ab, den Herbstregen, den nahenden Wintersturm und das schreckliche Wehen des Südwinds, der nun den strömenden Herbstregen des Zeus begleitet, die See aufwühlt und das Meer mit Gefahren erfüllt!

Da ist für die Menschen Seefahrt im Frühjahr schon

ἦμος δὴ τὸ πρῶτον, ὅσον τ' ἐπιβᾶσα κορώνη
ἴχνος ἐποίησεν, τόσσον πέταλ' ἀνδρὶ φανήῃ
ἐν κράδῃ ἀκροτάτῃ, τότε δ' ἄμβατός ἐστι θάλασσα·
εἰαρινὸς δ' οὗτος πέλεται πλόος. οὔ μιν ἔγωγε
αἴνημ'· οὐ γὰρ ἐμῷ θυμῷ κεχαρισμένος ἐστίν,
ἁρπακτός· χαλεπῶς κε φύγοις κακόν· ἀλλά νυ καὶ τά
ἄνθρωποι ῥέζουσιν ἀιδρείῃσι νόοιο·
χρήματα γὰρ ψυχὴ πέλεται δειλοῖσι βροτοῖσιν.
δεινὸν δ' ἐστὶ θανεῖν μετὰ κύμασιν· ἀλλά σ' ἄνωγα
φράζεσθαι τάδε πάντα μετὰ φρεσίν, ὡς ἀγορεύω.
μηδ' ἐν νηυσὶν ἅπαντα βίον κοίλῃσι τίθεσθαι·
ἀλλὰ πλέω λείπειν, τὰ δὲ μείονα φορτίζεσθαι.
δεινὸν γὰρ πόντου μετὰ κύμασι πήματι κύρσαι.
δεινὸν δ', εἴ κ' ἐπ' ἄμαξαν ὑπέρβιον ἄχθος ἀείρας
ἄξονα καυάξαις καὶ φορτία μαυρωθείη.
μέτρα φυλάσσεσθαι· καιρὸς δ' ἐπὶ πᾶσιν ἄριστος.

Ὡραῖος δὲ γυναῖκα τεὸν ποτὶ οἶκον ἄγεσθαι,
μήτε τριηκόντων ἐτέων μάλα πόλλ' ἀπολείπων
μήτ' ἐπιθεὶς μάλα πολλά· γάμος δέ τοι ὥριος οὗτος·
ἡ δὲ γυνὴ τέτορ' ἡβώοι, πέμπτῳ δὲ γαμοῖτο.
παρθενικὴν δὲ γαμεῖν, ὥς κ' ἤθεα κεδνὰ διδάξῃς.
τὴν δὲ μάλιστα γαμεῖν, ἥ τις σέθεν ἐγγύθι ναίει,
πάντα μάλ' ἀμφὶς ἰδών, μὴ γείτοσι χάρματα γήμῃς.
οὐ μὲν γάρ τι γυναικὸς ἀνὴρ ληίζετ' ἄμεινον
τῆς ἀγαθῆς, τῆς δ' αὖτε κακῆς οὐ ῥίγιον ἄλλο,
δειπνολόχης· ἥ τ' ἄνδρα καὶ ἴφθιμόν περ ἐόντα
εὕει ἄτερ δαλοῖο καὶ ὠμῷ γήραϊ δῶκεν.

anders, wenn ihnen eben erst Blättchen oben am Zweig erscheinen, klein wie die Spur, die hüpfend die Krähe im Sand tritt; [680] dann ist das Meer zu befahren. So ist die Seefahrt im Frühling. Ich aber lobe sie nicht, weil sie mir gar nicht gefällt, hastig-dreist wie sie ist. Schwer nur entrinnst du dem Unheil; doch unternehmen auch dies die Menschen im Unverstand ihres Sinnes. [685] Für die armen Sterblichen liegt nämlich die Seele in Geld und Gut. Doch ist es schrecklich, in den Wogen zu sterben. So mahne ich dich, dies alles im Sinn zu bedenken, wie ich es sage. Bringe auch nicht dein sämtliches Gut in bauchige Schiffe, sondern laß den Hauptteil zurück und verlade nur den geringeren. [690] Denn es ist schrecklich, wenn dir in Meerwogen ein Unglück zustößt, schrecklich freilich auch, wenn du den Wagen überlädst, die Achse bricht und die Ladung verdirbt. Achte auf den richtigen Zeitpunkt! Die rechte Zeit ist in allem das Beste.

Im richtigen Alter führe ein Weib in dein Haus, [695] wenn du nicht mehr viel unter dreißig Jahren oder noch nicht weit darüber bist. Da paßt dein Alter zur Heirat. Die Frau aber sei vier Jahre schon mannbar und heirate im fünften. Nimm nur eine Jungfrau, die du rechten Wandel lehren kannst, heirate die am liebsten, die in deiner Nachbarschaft wohnt, [700] und sieh dich rings gründlich um, damit du nicht den Nachbarn zum Vergnügen freist. Ein Mann gewinnt ja nichts Besseres als eine gute Gattin, nichts Schauerlicheres aber als eine schlechte, eine freßgierige. Die versengt ihren Mann, und sei er noch so kräftig, ohne Fackel und läßt ihn vorzeitig altern.

Εὖ δ' ὄπιν ἀθανάτων μακάρων πεφυλαγμένος εἶναι.
μηδὲ κασιγνήτῳ ἶσον ποιεῖσθαι ἑταῖρον·
εἰ δέ κε ποιήσῃς, μή μιν πρότερος κακὸν ἔρξῃς.
μηδὲ ψεύδεσθαι γλώσσης χάριν· εἰ δὲ σέ γ' ἄρχῃ
ἤ τι ἔπος εἰπὼν ἀποθύμιον ἠὲ καὶ ἔρξας,
δὶς τόσα τείνυσθαι μεμνημένος· εἰ δὲ σέ γ' αὖτις
ἡγῆτ' ἐς φιλότητα, δίκην δ' ἐθέλῃσι παρασχεῖν,
δέξασθαι· δειλός τοι ἀνὴρ φίλον ἄλλοτε ἄλλον
ποιεῖται, σὲ δὲ μή τι νόος κατελεγχέτω εἶδος.
μηδὲ πολύξεινον μηδ' ἄξεινον καλέεσθαι,
μηδὲ κακῶν ἕταρον μηδ' ἐσθλῶν νεικεστῆρα.
μηδέ ποτ' οὐλομένην πενίην θυμοφθόρον ἀνδρί
τέτλαθ' ὀνειδίζειν, μακάρων δόσιν αἰὲν ἐόντων.
γλώσσης τοι θησαυρὸς ἐν ἀνθρώποισιν ἄριστος
φειδωλῆς, πλείστη δὲ χάρις κατὰ μέτρον ἰούσης.
εἰ δὲ κακὸν εἴποις, τάχα κ' αὐτὸς μεῖζον ἀκούσαις.
μηδὲ πολυξείνου δαιτὸς δυσπέμφελος εἶναι·
ἐκ κοινοῦ πλείστη δὲ χάρις, δαπάνη τ' ὀλιγίστη.
Μηδέ ποτ' ἐξ ἠοῦς Διὶ λείβειν αἴθοπα οἶνον
χερσὶν ἀνίπτοισιν μηδ' ἄλλοις ἀθανάτοισιν·
οὐ γὰρ τοί γε κλύουσιν, ἀποπτύουσι δέ τ' ἀράς.
μηδ' ἄντ' ἠελίου τετραμμένος ὀρθὸς ὀμιχεῖν·
αὐτὰρ ἐπεί κε δύῃ, μεμνημένος, ἔς τ' ἀνιόντα
μήτ' ἐν ὁδῷ μήτ' ἐκτὸς ὁδοῦ προβάδην οὐρήσῃς
μηδ' ἀπογυμνωθείς· μακάρων τοι νύκτες ἔασιν·
ἑζόμενος δ' ὅ γε θεῖος ἀνήρ, πεπνυμένα εἰδώς,
ἢ ὅ γε πρὸς τοῖχον πελάσας εὐερκέος αὐλῆς.

Scheue auch sehr die Aufsicht der seligen Götter. Stelle nie den Gefährten so hoch wie den leiblichen Bruder; hast du es aber getan, beginne nie mit der Kränkung. Lüge aber auch nie, um ihm nach dem Munde zu reden. Sagt er dir freilich als erster ein kränkendes Wort oder tut dir weh, vergiß es nicht und räche dich doppelt. Will er dann wieder zuerst die Freundschaft erneuern und gerechte Sühne leisten, nimm sie an. Nur ein Taugenichts wechselt immer die Freunde; bei dir aber soll die Gesinnung dein Äußeres nicht Lügen strafen. Laß dich auch weder übergastlich noch ungastlich nennen, auch nicht Gesellen der Schlechten oder Schmäher der Edlen. Laß dich auch nicht dazu herab, einem Mann die verderbliche, herzkränkende Armut vorzuhalten; sie kommt von den ewigen Göttern. Bester Schatz ist bei Menschen die Zunge, die sparsam gebraucht wird, denn sie macht am meisten beliebt, wenn sie maßvoll zu Werk geht. Sagst du aber Schlimmes, bekommst du selbst bald Schlimmeres zu hören. Beim gästereichen Mahl sei nicht ungesellig; aus der Gemeinschaft erwächst das meiste Wohlwollen, und der Aufwand ist winzig.

Spende auch Zeus nicht am Morgen feurigen Wein mit ungewaschenen Händen, ihm nicht noch anderen unsterblichen Göttern; denn dann erhören sie dich nicht und verschmähen deine Gebete. Pisse auch nicht zur Sonne gewandt im Stehen; nach ihrem Untergang aber bis kurz vor dem Aufgang pisse bedachtsam auch nicht auf dem Weg noch neben dem Weg im Gehen und auch nicht entblößt, denn die Nächte gehören den Göttern. Hockend macht es ein trefflicher Mann, der weiß, was man tun soll, oder er tritt zur Wand des wohl-

μηδ' αἰδοῖα γονῇ πεπαλαγμένος ἔνδοθι οἴκου
ἱστίῃ ἐμπελαδὸν παραφαινέμεν, ἀλλ' ἀλέασθαι.
μηδ' ἀπὸ δυσφήμοιο τάφου ἀπονοστήσαντα
σπερμαίνειν γενεήν, ἀλλ' ἀθανάτων ἀπὸ δαιτός.
Μηδέ ποτ' αἰενάων ποταμῶν καλλίρροον ὕδωρ
ποσσὶ περᾶν, πρίν γ' εὔξῃ ἰδὼν ἐς καλὰ ῥέεθρα
χεῖρας νιψάμενος πολυηράτῳ ὕδατι λευκῷ.
ὃς ποταμὸν διαβῇ κακότητ' ἰδὲ χεῖρας ἄνιπτος,
τῷ δὲ θεοὶ νεμεσῶσι καὶ ἄλγεα δῶκαν ὀπίσσω.
μηδ' ἀπὸ πεντόζοιο θεῶν ἐν δαιτὶ θαλείῃ
αὖον ἀπὸ χλωροῦ τάμνειν αἴθωνι σιδήρῳ.
μηδέ ποτ' οἰνοχόην τιθέμεν κρητῆρος ὕπερθε
πινόντων· ὀλοὴ γὰρ ἐπ' αὐτῷ μοῖρα τέτυκται.
μηδὲ δόμον ποιῶν ἀνεπίξεστον καταλείπειν,
μή τοι ἐφεζομένη κρώξῃ λακέρυζα κορώνη.
μηδ' ἀπὸ χυτροπόδων ἀνεπιρρέκτων ἀνελόντα
ἔσθειν μηδὲ λόεσθαι· ἐπεὶ καὶ τοῖς ἔπι ποινή.
μηδ' ἐπ' ἀκινήτοισι καθιζέμεν, οὐ γὰρ ἄμεινον,
παῖδα δυωδεκαταῖον, ὅ τ' ἀνέρ' ἀνήνορα ποιεῖ,
μηδὲ δυωδεκάμηνον· ἴσον καὶ τοῦτο τέτυκται.
μηδὲ γυναικείῳ λουτρῷ χρόα φαιδρύνεσθαι
ἀνέρα· λευγαλέη γὰρ ἐπὶ χρόνον ἔστ' ἐπὶ καὶ τῷ
ποινή· μηδ' ἱεροῖσιν ἐπ' αἰθομένοισι κυρήσας
μωμεύειν ἀίδηλα· θεός νύ τι καὶ τὰ νεμεσσᾷ.
μηδέ ποτ' ἐν προχοῇς ποταμῶν ἅλαδε προρεόντων
μηδ' ἐπὶ κρηνάων οὐρεῖν, μάλα δ' ἐξαλέασθαι·
μηδ' ἐναποψύχειν· τὸ γὰρ οὔ τοι λώιόν ἐστιν.
ὧδ' ἔρδειν· δεινὴν δὲ βροτῶν ὑπαλεύεο φήμην.

umwehrten Gehöftes. Entblöße auch nicht deine Scham, wenn du mit Samen benetzt bist, im Haus und nahe am Herd, sondern vermeide es. Pflanze auch nicht, wenn du vom unheilbringenden Grab heimkehrst, dein Geschlecht fort, sondern tue es nur nach dem Mahl für die Götter.

Nie auch durchwate das schön flutende Wasser stets strömender Flüsse, eh' du mit Blick zum schönen Gewässer gebetet und die Hände im lieblich-hellen Wasser gewaschen hast. Wer einen Fluß durchquert, unwürdig und unrein an Händen, dem zürnen die Götter und senden ihm späterhin Leiden. Schneide auch nicht mit blinkendem Eisen beim festlichen Göttermahl am Fünfzweig der Hand das Trockene [den Nagel] vom Grünen, lege auch nie beim Gelage die Schöpfkelle über den Mischkrug, denn darauf steht Unheil. Baust du ein Haus, laß es nicht ohne Verputz, damit sich dir nicht die krächzende Krähe daraufsetzt und herumlärmt. Schöpfe nie aus ungeweihten Fußtöpfen zum Essen oder zum Waschen, denn auch darauf steht Strafe. Auch setze keinen zwölfjährigen Knaben auf Unbewegliches, weil es nicht gut ist und sogar Männer unmännlich macht. Tu es auch nicht mit einem Knaben von zwölf Monaten, denn damit hat es gleiche Bewandtnis. Weiter: nie wasche sich ein Mann mit dem Badewasser einer Frau, denn auch darauf steht nachmals verderbliche Strafe. Kommst du zu brennendem Opfer, mäkle auch nicht am Verbrannten, denn der Gott verargt dir auch dieses. Pisse nie in die Wogen meerwärts strömender Flüsse, nie auch in Quellen, nein, meide es gründlich. Entleere auch dort nicht den Leib, denn es bringt dir nichts Gutes. Also handle und meide den schlimmen

φήμη γάρ τε κακὴ πέλεται, κούφη μὲν ἀεῖραι
ῥεῖα μάλ', ἀργαλέη δὲ φέρειν, χαλεπὴ δ' ἀποθέσθαι.
φήμη δ' οὔ τις πάμπαν ἀπόλλυται, ἥν τινα πολλοί
λαοὶ φημίξωσι· θεός νύ τίς ἐστι καὶ αὐτή.

Ἤματα δ' ἐκ Διόθεν πεφυλαγμένος εὖ κατὰ μοῖραν
πεφραδέμεν δμώεσσι· τριηκάδα μηνὸς ἀρίστην
ἔργα τ' ἐποπτεύειν ἠδ' ἁρμαλιὴν δατέασθαι.
Αἵδε γὰρ ἡμέραι εἰσὶ Διὸς πάρα μητιόεντος,
εὖτ' ἂν ἀληθείην λαοὶ κρίνοντες ἄγωσιν.
πρῶτον ἔνη τετράς τε καὶ ἑβδόμη ἱερὸν ἦμαρ.
(τῇ γὰρ Ἀπόλλωνα χρυσάορα γείνατο Λητώ),
ὀγδοάτη τ' ἐνάτη τε· δύω γε μὲν ἤματα μηνός
ἔξοχ' ἀεξομένοιο βροτήσια ἔργα πένεσθαι·
ἑνδεκάτη δὲ δυωδεκάτη τ', ἄμφω γε μὲν ἐσθλαί,
ἠμὲν ὄις πείκειν ἠδ' εὔφρονα καρπὸν ἀμᾶσθαι·
ἡ δὲ δυωδεκάτη τῆς ἑνδεκάτης μέγ' ἀμείνων·
τῇ γάρ τοι νῇ νήματ' ἀερσιπότητος ἀράχνης
ἤματος ἐκ πλείου, ὅτε ἴδρις σωρὸν ἀμᾶται·
τῇ δ' ἱστὸν στήσαιτο γυνὴ προβάλοιτό τε ἔργον.
Μηνὸς δ' ἱσταμένου τρεισκαιδεκάτην ἀλέασθαι
σπέρματος ἄρξασθαι· φυτὰ δ' ἐνθρέψασθαι ἀρίστη.
ἕκτη δ' ἡ μέσση μάλ' ἀσύμφορός ἐστι φυτοῖσιν,
ἀνδρογόνος δ' ἀγαθή· κούρῃ δ' οὐ σύμφορός ἐστιν,
οὔτε γενέσθαι πρῶτ' οὔτ' ἂρ γάμου ἀντιβολῆσαι.
οὐδὲ μὲν ἡ πρώτη ἕκτη κούρῃ γε γενέσθαι

Leumund bei Menschen. Denn schlechter Ruf ist von Übel; leicht, ja kinderleicht holt man sich ihn, trägt aber schwer daran, und mühsam nur ist er zu tilgen. Nie nämlich verliert sich ganz ein Gerücht, das viele Menschen verbreiten; ja es ist selbst eine Art von Gott.

Achte sorgsam und ganz nach Gebühr auf die Tage, die Zeus schickt, und lehre das Gesinde: Der dreißigste des Monats ist der beste Tag, um die Arbeit zu prüfen und Kost zu verteilen.

Denn folgende Tage bringen Segen von dem Rat erteilenden Zeus, wenn die Menschen ihre wahre Bedeutung erkennen und sich danach richten: Erstlich sind der Erste, der Vierte und Siebte heilige Tage (am Siebten gebar ja Leto Apollon, den Herrn des goldenen Schwertes), ebenso der Achte und Neunte; diese beiden Tage im wachsenden Monat eignen sich aber auch sehr zu allen menschlichen Werken. Auch der Elfte und Zwölfte sind beide günstige Tage, sowohl zur Schafschur wie auch zum Mähen erquickender Feldfrucht. Der Zwölfte aber ist noch weit besser als der Elfte, denn da spinnt die luftdurchschwebende Spinne hoch am Tag ihre Fäden, während die kluge Ameise ihren Vorrat anhäuft. Da nun stelle die Frau ihren Webstuhl auf und nehme die Arbeit vor.

Meide im steigenden Mond den Dreizehnten und beginne nicht mit der Saat; Pflänzlinge freilich nährt er am besten. Der Sechste dagegen in Monatsmitte ist allen Gewächsen höchst schädlich, taugt aber gut zur Geburt von Knaben; für Mädchen allerdings ist er nicht zuträglich, weder zur Geburt noch um Hochzeit zu halten. Auch ist der erste Sechste ein schlechter Geburtstag für

ἄρμενος, ἀλλ᾽ ἐρίφους τάμνειν καὶ πώεα μήλων
σηκόν τ᾽ ἀμφιβαλεῖν ποιμνήιον ἤπιον ἦμαρ·
ἐσθλὴ δ᾽ ἀνδρογόνος· φιλέοι δ᾽ ὅ γε κέρτομα βάζειν
ψεύδεά θ᾽ αἱμυλίους τε λόγους κρυφίους τ᾽ ὀαρισμούς.
Μηνὸς δ᾽ ὀγδοάτῃ κάπρον καὶ βοῦν ἐρίμυκον
ταμνέμεν, οὐρῆας δὲ δυωδεκάτῃ ταλαεργούς.
Εἰκάδι δ᾽ ἐν μεγάλῃ, πλέῳ ἤματι, ἵστορα φῶτα
γείνασθαι· μάλα γάρ τε νόον πεπυκασμένος ἐστίν.
ἐσθλὴ δ᾽ ἀνδρογόνος δεκάτη, κούρῃ δέ τε τετράς
μέσση· τῇ δέ τε μῆλα καὶ εἰλίποδας ἕλικας βοῦς
καὶ κύνα καρχαρόδοντα καὶ οὐρῆας ταλαεργούς
πρηΰνειν ἐπὶ χεῖρα τιθείς. πεφύλαξο δὲ θυμῷ
τετράδ᾽ ἀλεύασθαι φθίνοντός θ᾽ ἱσταμένου τε
ἄλγε᾽ ἃ θυμοβορεῖ· μάλα γὰρ τετελεσμένον ἦμαρ.
Ἐν δὲ τετάρτῃ μηνὸς ἄγεσθ᾽ εἰς οἶκον ἄκοιτιν
οἰωνοὺς κρίνας, οἳ ἐπ᾽ ἔργματι τούτῳ ἄριστοι.
Πέμπτας δ᾽ ἐξαλέασθαι, ἐπεὶ χαλεπαί τε καὶ αἰναί·
ἐν πέμπτῃ γάρ φασιν Ἐρινύας ἀμφιπολεύειν
Ὅρκον γεινόμενον, τὸν Ἔρις τέκε πῆμ᾽ ἐπιόρκοις.
Μέσσῃ δ᾽ ἑβδομάτῃ Δημήτερος ἱερὸν ἀκτήν
εὖ μάλ᾽ ὀπιπεύοντα ἐυτροχάλῳ ἐν ἀλωῇ
βάλλειν, ὑλοτόμον τε ταμεῖν θαλαμήια δοῦρα
νήιά τε ξύλα πολλά, τά τ᾽ ἄρμενα νηυσὶ πέλονται.
τετράδι δ᾽ ἄρχεσθαι νῆας πήγνυσθαι ἀραιάς.

Mädchen, [785] doch ist es ein günstiger Tag, um Ziegenböcke zu verschneiden, das Vlies der Schafe zu scheren und den Zaun um die Herde zu ziehen. Auch begünstigt er die Geburt von Knaben, doch liebt er wohl kränkende Reden, Lügen, Schmeichelworte und heimliche Werbung.

Am achten Monatstag verschneide den Eber und den brüllenden Stier, [790] die arbeitsduldenden Maultiere aber am Zwölften.

Am großen Zwanzigsten, zur Tagesmitte, soll ein kundiger Mann geboren werden, wird er doch höchst klugen Sinn besitzen. Gut zur Geburt von Knaben ist auch der Zehnte; für ein Mädchen aber ist es der vierte Tag der Monatsmitte; da soll man Schafe, fußschleppende, krummhornige Rinder, [795] einen scharfzahnigen Hund und ausdauernde Maultiere mit aufgelegter Hand zähmen. Gib aber acht und meide am Ende und Anfang des Monats den Vierten, der dir das Herz mit Kummer verhärmt; denn dieser Tag ist ganz voll von Bestimmung.

Am vierten Monatstag führe die Gattin ins Haus [800] und beachte dabei die Vögel, die dafür das Beste bedeuten.

Meide die fünften Tage, denn die sind schlimm und verderblich. Am Fünften nämlich, so sagt man, umsorgen die Erinyen den neugeborenen Eid, den Eris Meineidigen zum Unheil gebar.

Demeters heilige Frucht worfle mit vielem Bedacht am siebten Tag in Monatsmitte [805] auf der kreisrunden Tenne, und der Zimmermann haue die Balken zum Gemach, dazu viele Bootshölzer, die zum Schiffbau taugen. Am vierten Tag aber beginne den Bau schlanker Schiffe.

Εἰνὰς δ᾽ ἡ μέσση ἐπὶ δείελα λώιον ἦμαρ,
πρωτίστη δ᾽ εἰνὰς παναπήμων ἀνθρώποισιν·
ἐσθλὴ μὲν γάρ θ᾽ ἥ γε φυτευέμεν ἠδὲ γενέσθαι
ἀνέρι τ᾽ ἠδὲ γυναικί καὶ οὔ ποτε πάγκακον ἦμαρ.
Παῦροι δ᾽ αὖτε ἴσασι τρισεινάδα μηνὸς ἀρίστην
ἄρξασθαί τε πίθου καὶ ἐπὶ ζυγὸν αὐχένι θεῖναι
βουσὶ καὶ ἡμιόνοισι καὶ ἵπποις ὠκυπόδεσσι,
νῆα πολυκλήιδα θοὴν εἰς οἴνοπα πόντον
εἰρύμεναι· παῦροι δέ τ᾽ ἀληθέα κικλήσκουσιν.
Τετράδι δ᾽ οἶγε πίθον (περὶ πάντων ἱερὸν ἦμαρ)
μέσσῃ· παῦροι δ᾽ αὖτε μετ᾽ εἰκάδα μηνὸς ἀρίστην
ἠοῦς γιγνομένης· ἐπὶ δείελα δ᾽ ἐστὶ χερείων.
Αἵδε μὲν ἡμέραι εἰσὶν ἐπιχθονίοις μέγ᾽ ὄνειαρ,
αἱ δ᾽ ἄλλαι μετάδουποι, ἀκήριοι, οὔ τι φέρουσαι.
ἄλλος δ᾽ ἀλλοίην αἰνεῖ, παῦροι δέ τ᾽ ἴσασιν.
ἄλλοτε μητρυιὴ πέλει ἡμέρη, ἄλλοτε μήτηρ
τάων. εὐδαίμων τε καὶ ὄλβιος, ὃς τάδε πάντα
εἰδὼς ἐργάζηται ἀναίτιος ἀθανάτοισιν,
ὄρνιθας κρίνων καὶ ὑπερβασίας ἀλεείνων.

Der neunte Tag der Monatsmitte ist gegen Abend hin glücklich, der Neunte am Monatsbeginn ist ganz ohne Leid für die Menschen. Prächtig ist dieser Tag ja zu Zeugung oder Geburt von Mann oder Frau, und niemals bringt er nur Unheil.

Nur wenige wissen hinwieder, daß der dreimal neunte Monatstag der beste ist, um ein Faß aufzumachen, Rindern, Mauleseln und schnellfüßigen Pferden das Joch auf den Nacken zu legen und das ruderreiche schnelle Schiff ins weinfarbene Meer zu ziehen. Nur wenige freilich bezeichnen ihn richtig.

Am Vierten in der Mitte des Monats öffne das Faß (der Tag ist vor allen gesegnet); wenige wieder wissen, daß der vierte Tag nach dem Zwanzigsten im Monat der beste ist, früh am Morgen; zum Abend ist er weniger gut.

Diese Tage gereichen den Erdbewohnern zu großem Heil; die übrigen treten schadlos dazwischen, bringen aber auch nichts. Jeder lobt einen anderen Tag, doch wenige nur sind bewandert. Bald wird uns einer der Tage zur Stiefmutter, bald zur wahren Mutter. Glücklich und gesegnet ist, wer all dies weiß, im Tun beherzigt, schuldlos gegen die Götter bleibt, auf den Vogelflug achtet und Übertretungen meidet.

Anmerkungen

Der griechische Text folgt weitgehend der Ausgabe: *Hesiodi Carmina*, recensuit Aloisius Rzach, Stuttgart: Teubner, 1958. Er wurde nach Vergleich mit anderen kritischen Ausgaben revidiert.

Die Ziffern verweisen auf die Verszeilen.

Der Titel »Werke und Tage« ist nicht vor dem 2. Jahrhundert n. Chr. belegt, ist aber wohl viel älter; er trifft allerdings nur die zweite Hälfte des Gedichts.

Prooimion (1–10)

Das Prooimion ist in feierlichem Sakralstil mit Parallelismen, Antithesen und Assonanzen verfaßt. Hesiod bittet die Musen im hergebrachten Eingangs-Anruf, ihm Wahrheit über Zeus einzugeben. Zeus ist Gott und Wahrer von Weltordnung und Recht; diese Funktion des Gottes ist Grundthema des Gedichts; von ihr kündet Hesiod dem Bruder Perses und dem Hörer.

1 Die Musen sind am Kithairon geboren, erscheinen aber auch in Pierien, einer makedonischen Landschaft.

5 Den Göttern fällt alles leicht; vgl. V. 378.

10 Hesiod berichtet Wahres, nicht Rhapsoden-Erzählungen; das Wahre erfährt er von den Musen.

Erster Hauptteil: Entstehung von Not und Arbeit auf Erden. Recht und Arbeit als Abhilfe (11–381)

Entstehung von Not und Arbeit (11–200)

Gute und böse Eris (11–41)

Hesiod hatte in der *Theogonie* (225) nur eine Eris, die böse, angenommen; nun widerruft er (11) und führt eine neue Sicht des Lebens ein, indem er zwischen Streit und Wettstreit scheidet, zwischen Gewalt und Arbeit als Wegen zum Wohlstand (Wettstreit und Arbeit 20 f.; Streit, Faulheit, Armut 23 f.; Recht 35, Unrecht 38). Die Wahl des Wettstreites als Lebensweg führt zu allen übrigen Tugenden.

Der Agon-Gedanke war vorgegeben, und schon Homers *Ilias* hatte gezeigt, wie böser Streit (Agamemnon und Achilleus) zu schlichten ist und wie kriegerische Energie sich schließlich im Wettkampf (Leichenspiele für Patroklos) entladen kann. Hesiod überträgt das auf den wirtschaftlichen Konkurrenzkampf.

18 Zeus waltet als Chthonios in der Erdtiefe; vgl. 464.

19 Die »Wurzeln« bedeuten, daß der Wettstreit Grundprinzip menschlichen Lebens ist.

26 Rivalität zwischen Bettlern: vgl. Homer, *Odyssee* 18,1 ff.

27 Anwendung des allgemein Gelehrten auf Perses und seine Habgier (Pleonexie).

37 f. Die erste Erbauseinandersetzung (wohl um das väterliche Gut bei Askra) ging zugunsten des Perses aus, verarmt will er durch einen Prozeß und bestechliche Richter noch mehr gewinnen; der Prozeß ist aber nicht entschieden und/oder kann vermieden werden.

38 Könige vertraten in der *Theogonie* (81) noch Zeus; jetzt sind sie bestechlich, wenn es auch bereits früher (Homer, *Ilias* 9,154 f.) ihr Privileg war, Gaben für Entscheidungen zu er-

halten. Könige sind nun wohl Großgrundbesitzer und Adelige. Gerichtssitz ist vielleicht Thespiai in Böotien.

40 Toren sind die Richter, weil sie habgierig sind und sich nicht mit einem Teil zufriedengeben, den man ohne Schwierigkeit und ohne Unrecht erhalten kann.

41 Malve und Asphodelos sind Wildgemüse, deren Wurzeln Nahrung der Armen war; den Satz zitieren Platon, *Gesetze* 677e und Horaz, *Carmina* 1,31,16: *me pascunt ... cichorea levesque malvae.*

Prometheus und Pandora (42–105)

Der Mythos (43–46) zeigt, wie es nach dem Goldenen Zeitalter dazu kam, daß die Menschen Not leiden und arbeiten müssen. Prometheus und Pandora tragen Schuld an unserem jetzigen Leben mit Leiden, Sexualität (als Geißel) und Tod zur Strafe für Ungerechtigkeit und Ursünde. Doch können wir durch Arbeit und gute Eris die verborgenen (42) Mittel zum Leben erwerben. Die Erzählung begründet in mythischer Form den protreptischen Teil des Epos und leitet zur Folge der Weltalter über.

Hesiod geht vom Opfertrug des Prometheus in der *Theogonie* (534 ff.) aus, der zum Entzug des Feuers durch Zeus führt. Nun folgt neues Unrecht: Prometheus stiehlt das Feuer, das zusammenfassend die Techniken der Lebensfürsorge bezeichnet. Als neue Strafe verhängt Zeus das Verbergen der Lebensmittel. Von einer späteren Befreiung des bestraften Prometheus ist nicht die Rede. – Die Gestalt der Pandora geht letztlich wohl auf eine urgriechische spendende Erdgöttin zurück (daher der πίϑος), doch liegt ihr sicher auch eine Erzählung zugrunde, nach der die Not der Menschen vom Vorwitz einer Frau herrührt (vgl. P. Léveque, »Pandora où la térrifiante féminité«, in: *Kernos* 1, 1988, S. 49–62), wie wir es von der Eva-Geschichte des Alten Testaments her kennen (Paradies als Goldenes Zeitalter). Hesiod hat kaum die Figur der Pandora, höchstens die des Epimetheus erfunden; die Einbindung in die Prometheus-Sage ist ihm zuzuschreiben.

Die Pandora-Geschichte bietet drei Schwierigkeiten:

1. Das erste Weib erscheint lange nach Entstehung der Menschen. Der Dichter wird aber nicht annehmen, daß die Menschen sich bis dahin ungeschlechtlich fortpflanzten (es gab ja auch Göttinnen), sondern will nur sagen, Pandora sei die erste Frau, bei der negative Eigenschaften überwiegen.

2. Das Faß (πίθος) ist unnötig, da Pandora ja schon das Übel ist. Philodem (*Von der Frömmigkeit* 130) und Babrios (58) überliefern aber Fassungen des Mythos, nach denen das Faß selbständig vorhanden war (vgl. auch das Proklosscholion zu 89). Ausgangspunkt war wohl Homer, *Ilias* 24,527, wo zwei πίθοι im Haus des Zeus stehen, aus dem einen kommen Güter, aus dem anderen Übel; vergleichbar ist auch der Windschlauch des Aiolos, *Odyssee* 10,19 f. – Daß das Faß keine Büchse ist und daß »die Büchse der Pandora« auf eine Mythos-Bearbeitung der Renaissance, letztlich auf Erasmus, zurückgeht, zeigen D. und E. Panofsky, *Pandora's Box*, New York 1956.

3. Das Faß enthält Übel, aber auch die Hoffnung. Es ist nicht anzunehmen, daß der πίθος die Vorräte oder gute Geister (E. F. Beall, »The Contents of Hesiod's Pandora-Jar«, in: *Hermes* 117, 1989, S. 227–230) oder alle Güter der Welt (A. Schopenhauer, *Parerga und Paralipomena*, Leipzig [o. J.], S. 200) enthielt. Es waren die Übel, die Zeus sandte; doch ließ er den Menschen auch die Hoffnung. Die Geschichte ist nur unlogisch gebaut und meint, »daß die Hoffnung bei den Menschen bleibt, und weiter dürfen wir nicht denken« (Wilamowitz, S. 51). Mag auch die Hoffnung bei Hesiod nicht nur gute Folgen haben (vgl. 499), ist sie doch keinesfalls ein Übel. Zeus läßt sie den Menschen als Aussicht, die Leiden durch Arbeit und Gerechtigkeit zu überwinden (Bona Quaglia, S. 78 f.; vgl. P. v. Weizsäcker, »Pandora«, in: *W. H. Roschers Ausführliches Lexikon der griechischen und römischen Mythologie*, Leipzig 1897–1909, Bd. 3,

Sp. 1520–30). – Die wichtigste Literatur verzeichnen W. A. Oldfather, »Pandora«, in: *Paulys Realencyclopädie der classischen Altertumswissenschaft* [RE], Bd. 18,2, Stuttgart 1949, Sp. 529 bis 548 (bis 1938) und W. Kraus, »Prometheus«, in: RE 23,1, 1956, Sp. 653–702.

42 ff. Die Menschen könnten wie im Paradies leben, doch der Opferbetrug (*Theogonie* 535 ff.) des Prometheus enthüllte ihre Habgier, für die sie nun Strafe erleiden.

51 Prometheus stahl das Feuer im hohlen Narthexstengel (Stecken- oder Rutenkraut in den Küstenregionen Griechenlands, das Mark diente auch als Zunder), vgl. *Theogonie* 567.

60 ff. Hesiod fügt der Pandora der *Theogonie* (573 ff.) neue, verführerische Züge bei.

63 ff. Athene ist die Göttin des Handwerks und der Künste; die wichtigste Tätigkeit der Frau in homerischer Zeit besteht in der Herstellung von Bekleidung.

69 ff. In epischer Weise schildert Hesiod die Ausführung des Befehls mit leichter Variation.

73 ff. Chariten, Horen und Peitho erscheinen als Helferinnen Aphrodites; die Chariten bringen Anmut, Schönheit und Festesfreude, die Horen Reife und Schönheit; Peitho ist die Göttin der Überredung.

76 Athene gibt dem ganzen Schmuck die Vollendung.

79 Hephaistos gab der Frau vielleicht Stimme (Sprechvermögen); Hermes verleiht ihr Sprache.

80 f. »Pandora« bedeutete ursprünglich »die Allbeschenkende«; Hesiod deutet den Namen böse ironisch um: Alle Götter gaben ihr (für die Menschen) verderbliche Gaben. Sie beendet den paradiesischen Zustand.

84 Epimetheus (»Nachbedacht«) ist der Bruder des Prometheus (»Vorbedacht«), vgl. *Theogonie* 511; vielleicht führt ihn Hesiod auch zur Mahnung für seinen Bruder Perses an, weil dieser auf Warnungen nicht hörte und bestraft wurde.

89 Vgl. 217.

93 Der Vers stammt aus Homer, *Odyssee* 19,360, und paßt hier nicht.

94 Das »Faß« ist ein mächtiges Gefäß aus Ton oder Bronze (vgl. 96: »unzerstörbar«), meist bis zur Schulter in Erde gegraben, zur Aufbewahrung von Öl, Getreide, Wein.

98 Die Frau läßt den Deckel vor Schreck fallen, nicht mit Absicht. – 701 f. sieht Hesiod die Frau auch positiver.

99 *Aigis:* Schüttelt der Blitze schleudernde Zeus mit der Linken die schildartige Aigis, verhüllt sich alles in Sturmgewölk.

103 Nun kommen die Übel »von selbst«, wie früher die Güter (118).

Die Weltalter (106–200)

Hesiod setzt den mythischen Teil fort und schildert, welche Folgen für die Geschichte der Menschheit das Unrecht (des Prometheus und damit aller) hatte. Das zugrunde gelegte überkommene Schema voranschreitender Dekadenz überlagert jedoch Hesiods Hauptgesichtspunkt, daß sich in allen Zeitaltern das Verhältnis zwischen Gerechtigkeit und Wohlergehen (εὐδαιμονία) verwirklicht. Jedes Zeitalter führt die Folgen eines Lebens nach den Grundsätzen von Hybris oder Dike vor, und so mahnt die mythische Geschichte, Gerechtigkeit zu üben. Besonders die Heroengeneration beweist, daß der Dichter nicht an durchgehenden Abstieg denkt. Freie Entscheidung ist stets möglich. Die (von Hesiod korrigierte) Vorstellung von den sich verschlechternden Weltaltern stammt aus dem Orient. Der Mythos geht, wie man aus dem sogenannten Töpferorakel, einer ägyptischen Apokalypse des 2. Jahrhunderts v. Chr., weiß, auf persisches Gedankengut zurück: die persische Apokalypse *Bahman Yast*. Darin läßt Ahura-Mazda (der allwissende Schöpfergott) den Zarathustra einen Baum mit vier Zweigen (aus Gold, Silber, Kupfer, Eisen) schauen, die dieser als Bild für die vier Weltalter deutet. Diese Vorstellung entstammt letztlich der indischen Yogalehre, die gleichfalls vier Weltalter und fortlaufende Verschlechterung kennt. Die Symbolik der vier Metalle findet sich auch in der von 164 v. Chr. stammenden Daniel-Apokalypse (Daniel 2,31–45: Statue der fünf Reiche).

Hesiod schildert fünf Weltalter, jedes mit eigenen Zügen:

1. Im Goldenen Alter leben die Menschen wie Götter, sind unsterblich und genießen Glück wegen ihrer Gerechtigkeit. Sie werden später Wächter über Recht und Unrecht und verleihen (dem Gerechten) Reichtum. – Zwischen dem Goldenen und dem Silbernen Zeitalter muß man sich den »Sündenfall« des Prometheus denken.
2. Das Silberne Zeitalter ist schlechter, verübt Gewalt, ehrt die Götter nicht und erregt den Zorn des Zeus.
3. Das Eherne Alter ist unförmig, wild und übt Krieg und Hybris; von Gerechtigkeit ist wenig zu sehen.
4. Das Heroen-Alter dagegen beweist, daß man durch Gerechtigkeit (158) ein besseres Los gewinnen kann; die Heroen gelangen zu den Inseln der Seligen und leben dort fast wie im Goldenen Zeitalter (170 f.).
5. Die Gegenwart, das Eiserne Zeitalter, ist zwar schlimm, doch können die Menschen gerecht handeln (178) und ihr Leben verbessern; tun sie es nicht, wird Zeus sie vernichten.

107 Hesiod ist überzeugt, Wahres zu künden; Perses soll es innerlich aufnehmen.

108 Der Vers besagt wohl, daß vor dem Beginn der Dekadenz Götter und Menschen beinahe gleich waren.

111 Kronos gehört zum Goldenen Zeitalter; das attische Kronia-Fest hielt die Erinnerung an dieses wach.

117 ff. So denkt sich Hesiod das Landleben vor dem Wirken der Eris; ähnlich ist es in der Stadt der Gerechten (236).

121 f. Ein Fortwirken früherer Menschen als Wächter (über Gut und Böse und als Spender des Reichtums an Gerechte) gibt es im Griechischen nur hier; es sind die gleichen Wächter wie 252 ff. Die Vorstellung stammt wohl aus Persien.

123 Das Goldene Geschlecht bleibt auf Erden und den Göttern

näher; das Silberne kommt unter die Erde, ferner den Göttern (141).

130 Hundertjährige Kindheit bedeutet mühseliges Wachstum ohne Reife; im Alten Testament leben die ersten Menschen 969 Jahre (Methusalem), nach der Sintflut nur mehr 120.

145 Zur Entstehung der Menschen von Eschen(-Nymphen?) vgl. *Theogonie* 187; die Vorstellung vom »Kinderbaum« ist verbreitet, allerdings wenig im Griechischen. – Ares, der nie ein voll anerkannter Gott war, bezeichnet die zunehmende Gottesferne dieses Geschlechts, die Ernährung ohne Feldbau (wohl von Fleisch und wilden Früchten wie die Kyklopen; vgl. Homer, *Odyssee* 9,106 ff.) seinen Mangel an Kultur.

150 In ein ehernes Haus wurde auch Danae gesperrt; vielleicht spielt Hesiod darauf an.

151 Die Eisenzeit kam nach Griechenland über Zypern um 1050 v. Chr.; in der Epik blieb Bronze (»Erz«) das Hauptmetall.

156 ff. Hesiods Zeit war weitgehend vom Epos und seinen Berichten über die Heroen bestimmt, die zum Teil Kult genossen. Der Dichter nennt die zwei größten damals geführten Kriege (gegen Theben und Troia). »Die Arete, die jenem Adelsgeschlechte zuteil ward, kann auch jetzt noch der Bauer sich erringen« (H. Diels, *Der antike Pessimismus*, Leipzig 1921, S. 7).

170 ff. Die Inseln der Seligen sind hier zum ersten Mal erwähnt; es kommen wohl alle Verstorbenen des Heroengeschlechts dorthin. Ihr Leben ist dem Goldenen Zeitalter ähnlich (drei Ernten). »So denkt sich also der Bauer die elysischen Gefilde« (H. Diels, ebd.).

173 ff. Hesiod weiß von einer Zeit nach dem Eisernen Alter (174), die vielleicht besser sein wird. Allerdings kann es den Menschen auch jetzt gut gehen, wenn sie gerecht sind; vgl. 178 und 224 ff. Wie es aber sein wird, *wenn* das Geschlecht versagt (es entscheidet frei), schildert der Dichter in einer Zukunftsvision (daher das Futur von 175 bis 200). Dann mühen

sich die Menschen tags und erholen sich nachts nicht (176), die Kinder sind kaum lebensfähig (180). Das Zerbrechen der Familie (181 ff.) entspricht orientalischen Prophetien, so dem babylonischen Erra-Mythos oder Jesaja 3,5: Kinder werden gegen ihre Eltern auftreten usw. Es folgen Undankbarkeit, Meineid, Unterdrückung der Guten, Faustrecht, Verschwinden des Ehrgefühls.

199 Aidos und Nemesis: Beide verhindern als Grundlagen jeder Gesellschaft Unrecht, die eine als inneres Gefühl, die andere durch öffentliche Mißbilligung. Aidos ist Ehrfurcht vor dem, was Achtung verlangt, Nemesis das Verargen, mit dem man fremde Verstöße mißbilligt. – Die Dekadenz kann aber verhindert werden, wenn sich alle gerecht verhalten.

Recht als Abhilfe gegen die Not (201–284)

Recht und Unrecht (201–223)

Hesiod ergänzt den mythischen Teil durch rational-mahnende Worte. Seit der *Theogonie* stand für ihn fest, daß Gerechtigkeit die Grundlage der Zeus-Zeit sei und der Mensch durch Gerechtigkeit und Arbeit fast zur Goldenen Zeit zurückfinden könne. Recht unterscheidet das Menschenleben vom Daseinskampf der Tiere; daher führt der Dichter, zur Gerechtigkeit mahnend, in den Versen 201–285 das Wort *Dike* zwanzigmal an.

Er beginnt mit der Erzählung von Habicht und Nachtigall, die den Richtern ein abschreckendes Bild von Faustrecht und Hybris vor Augen führt. Die Geschichte (αἶνος) deutet auf eine Wahrheit hin und wird 275 ff. erklärt; vgl. H. Erbse, »Die Funktion des Rechtsgedankens in Hesiods ›Erga‹«, in: *Hermes* 121 (1993) S. 12–28.

201 ff. Die Erzählung von Habicht und Nachtigall wirft den Königen vor, sie folgten wie die Menschen der Eisernen Zeit (188 ff.) oder wie Tiere dem Grundsatz, Macht sei Recht.

207 *auch wenn du eine Sängerin bist:* Anspielung auf den »Sänger« Hesiod.

212 ff. Der Dichter mißt den vorliegenden Fall an der Geschichte und warnt vor Hybris (Gewalttat). Recht und Unrecht wirken im ganzen Leben der Gesellschaft.

218 f. Dike und Horkos sind hier personifiziert; zum Eidgott vgl. *Theogonie* 231 und Herodot 6,86. Hier wird er tätig, wenn der »König« seinen Richtereid bricht.

Städte der Gerechtigkeit und des Unrechts (224–246)

Hesiod beweist am Beispiel zweier Städte, daß der Zusammenhang von Gerechtigkeit und Glück in der Gegenwart ebenso gilt wie in früheren Zeitaltern; siehe auch 1. Mose 26, 3. Mose 26. Die Städte sind Modelle für gute und schlechte Gesellschaften, Vorläufer platonischer und anderer Utopien; vgl. K. Panagiotou, *Die ideale Form der Polis bei Homer und Hesiod*, Bochum 1983.

231 Nach Homer, *Odyssee* 19,108 ff. herrscht der gute König mit Maß und Gerechtigkeit und erweist sich als Segenbringer durch die Fülle der Ernten.

234 Die Kinder sind gleicher Art wie die gerechten Eltern; es ist nicht gemeint, sie seien legitim.

235 f. Gerechte haben die gefährliche Seefahrt nicht nötig.

236 Die Erde trägt ihnen Früchte wie im Goldenen Zeitalter; vgl. 117 f., 171 f.

239 ff. Die ungerechte Stadt haftet insgesamt für das Unrecht einzelner; die geschilderten Zustände erinnern an Theben zu Beginn des *Oidipus Tyrannos* von Sophokles oder an das griechische Heer zu Beginn der *Ilias*.

Hüter des Rechts. Macht des Rechts (247–284)

Der Abschnitt steht in innerem Zusammenhang mit der Eingangs-Geschichte (αἶνος), warnt (apotreptisch) vor Gewalt, Unrecht und deren Folgen und schließt mit der Erklärung des Ainos eine »Ringkomposition« ab.

247 f. Hier ist keine Rede von einem Prozeß; Hesiod mahnt vielmehr die Richter allgemein zu Achtung vor der Gerechtigkeit.

252 Die Wächter sind die gleichen wie die 123 f. genannten; Fortwirken früherer Menschen als (Segens- oder Wächter-) Geister kannte schon das persische *Awesta*.

266 Die Vorstellung vom alles sehenden Gottesauge ist weit verbreitet.

268 Gemeint ist der mögliche Prozeß, wohl in Thespiai; Solmsen übersetzt »welche Form dieser Prozeß annimmt, den die Stadt in sich birgt«. Der Dichter warnt Perses noch einmal vor dem Prozeß.

270 Der Vers besagt vielleicht, daß Hesiod einen Sohn hatte.

275 ff. Nun wird der αἶνος begrifflich erklärt: Tiere kennen das Faustrecht, Menschen haben das Recht. Der Rechtsgedanke soll den Perses des Eisernen Zeitalters besiegen.

Arbeit als Abhilfe gegen die Not (285–381)

Mahnung zur Arbeit (285–318)

Hesiod schilderte bisher die Macht der bösen Eris und den Kampf gegen sie (42–284); nun zeigt er die Folgen der guten Eris (285–381). Gegen die böse Eris mahnte er zur Gerechtigkeit; die gute Eris verlangt Arbeit und Fleiß, um die Daseinsnot erfolgreich zu lindern.

286 ff. Die Verse bilden durch den Lobpreis der Arete die Verklammerung der Abschnitte über Gerechtigkeit und Arbeit und weisen auf den vollkommenen Menschen hin.

288 Der Dichter versteht unter Arete vorwiegend Tüchtigkeit, Wohlstand, sozialen Rang; Gegenteil ist das Schlimme, die tiefe soziale Stufe. Beide Begriffe sind aber auf dem Weg zur moralischen Bedeutung von Tugend und Schlechtigkeit. –

Die Stelle war im Altertum berühmt und wird bis in die Spätantike häufig zitiert.

289 Zum Bild der beiden Wege vgl. Jeremias 21,87 (»Siehe, ich zeige euch den Weg zum Leben und den Weg zum Tode!«) und O. Becker, *Das Bild des Weges und verwandte Vorstellungen im frühgriechischen Denken*, Leipzig 1937.

294 Die Wahrheit von der Mühe hört man nicht gern; daher die Mahnung, guten Rat anzunehmen.

298 Die Anrede an Perses ist leicht ironisch.

310 Xenophon, *Memorabilien* 1,2,56, berichtet, Sokrates habe diesen Satz seinen Schülern empfohlen.

Mahnung zur Rechtschaffenheit (319–340)

Es folgen Warnungen vor falschen Wegen zum Wohlstand (319–334), dann die Mahnung, die Götter angemessen zu verehren.

319 ff. Zuerst warnt Hesiod vor unredlichem Besitzerwerb (ohne Arbeit).

326 ff. Weitere Beziehungen zwischen Rechtschaffenheit und Wohlergehen.

335 ff. Nach den strafenden stellt der Dichter nun gütige Götter vor.

340 Ackerland war damals in Böotien wohl in privatem Besitz und vor Teilung geschützt. Kaufen konnte man es nicht, weil es noch kein Geld gab, doch tauschte man Waren gegen Felder.

Mahnworte: Der Bauer und die anderen (341–381)

Die Verse bereiten die Besprechung der Landarbeiten vor, indem sie Lebensgebiete zeigen, in denen die gute Eris wirken kann; zugleich schildern sie (häufig gnomisch) das Betragen des Bauern bei verschiedenen Gelegenheiten. Gute Beziehungen zu Nachbarn und Freunden, Zuverlässigkeit bei Absprachen, Sparsamkeit und Ein-Kind-System schaffen und bewahren Wohlstand. Die Verse betrachten Sozialbeziehungen vorwiegend unter dem Gesichtspunkt des Wohlstandes und sind *keine* Dublette zu 694 ff.

341 ff. Weises Verhalten gegenüber der Umgebung führt zu Wohlstand und Sicherheit. – Hesiod geht von einem geordneten Bauernhof aus.

345 ff. Die Verse passen gut in den Zusammenhang und belegen die Bedeutung eines guten Nachbarn.

348 Auch hier geht es um Gerechtigkeit.

351 Raub führt ins Verderben wie bei Prometheus.

352 f. Hauptsätze griechischer »Volksethik«.

359 f. Unklarer Übergang. Man ärgert sich über kleinen Verlust, ⟨doch ist auch dieser von Bedeutung, denn⟩ Kleines zu Kleinem gelegt ...

367 Es kann sich um ein Wein- oder (eher) ein Getreide-Faß handeln; vgl. O. Longo, »Parsimonia in fundo: Variazioni su un tema esiodeo«, in: *Studi G. Monaco*, Palermo 1991, Bd. 1, S. 81–89.

371 Zusammenhang: Vertrauen kann schaden; Vertrauen zu einer Frau (vgl. 374).

375 Nur *ein* Erbe ist häufig griechischer Wunsch; z. B. Platon, *Gesetze* 923 cd; das Ein-Kind-System (mit der Barbarei der Kinderaussetzung) verhindert Zerstückelung der Güter. Bei der Kargheit des Landes ist die Sorge vor Übervölkerung freilich verständlich.

377 Es ist fraglich, ob das zweite Kind ein Sohn oder ein Enkel ist.

379 Zwar hat der Bauer mehr Sorgen, aber mehrere Kinder können den Hof besser bewirtschaften.

381 Hier wirkt schon der Gedanke der rechten Arbeitseinteilung. Die Wiederholung von »Arbeit« unterstreicht das Bisherige und leitet zum Arbeits-Teil über.

Zweiter Hauptteil: Arbeitskalender: Einleitung. Herbst. Winter. Sommer. Seefahrt. (382–693)

Nach dem ersten Hauptteil, der Mahnung zu Gerechtigkeit und guter Eris, empfiehlt Hesiod die Arbeit als das von Zeus verliehene Mittel zur Abhilfe der Daseinsnot. Vertrauen auf Zeus und gute Einteilung der Arbeit sind hilfreich. Der Dichter führt schrittweise in den bäuerlichen Jahreslauf ein, regelt alle wiederkehrenden Arbeiten (ἔργα) und schließt mit dem Tageswählkalender (ἡμέραι). Der Kundige erkennt den Willen des Zeus, wählt alle Zeiten richtig und folgt dem Gott gerecht, einsichtig und fleißig.

Einleitung zum Arbeitskalender (382–412)

Wahl des richtigen Zeitpunkts (382–394)

382 ff. Hesiod bezeichnet die Jahreszeiten nach der Stellung der Gestirne zur Sonne. Die Pleiaden, mit den sieben Töchtern des Atlas gleichgesetzt, gingen damals Mitte Mai vor der Sonne auf; ihr Frühuntergang erfolgte Anfang November. – Land, das besät werden sollte, wurde im Frühjahr aufgebrochen und im Sommer nachgepflügt; gesät wurde im Herbst, vor der Regenzeit. Nach der Ernte im folgenden Sommer blieb das Feld liegen bis zum nächsten Frühjahr, gab also nur jedes zweite Jahr Frucht. – Zum ganzen Kalender vgl. J.-C. Riedinger, »Structure et Signification du ›Calendrier Paysan‹ d'Hésiode (Travaux VV. 383–617)«, in: *Revue de Philologie* 66 (1992) S. 11–30.

390 f. »Nacktheit« bei der Arbeit hat entweder kultische Gründe (Plinius, *Naturgeschichte* 18,131: *serere nudum ... precantem sibi et vicinis*) oder soll besagen, daß man rechtzeitig, also zur heißen Zeit, arbeiten und tüchtig zupacken soll.

392 *Demeters Werke:* Alle landwirtschaftlichen Arbeiten.

394 Elend ist Folge falscher Terminwahl bei der Arbeit.

Fleiß und rechte Zeit (395–412)

398 Perses hatte wohl Frau und Kind.
405 Gemeint ist eine Magd, die auch Zugtiere führt.

Herbst (413–491)

Vorbereitung von Gerät, Vieh, Knecht (413–446)

413 ff. Nun beginnt der Jahreskreis mit Herbstregen (414) und Winterpflügung (450; September/Oktober).
416 Der Sirius ging um den 12. Juli früh morgens auf und von da an jede Nacht etwas früher; Ende September leuchtete er länger als die halbe Nacht.
419 Hier eine rationale, 805 f. eine abergläubische Vorschrift zum Holzschlagen.
422 Ein Fuß beträgt etwa 30 cm.
425 Hesiod denkt wohl an ein Speichenrad, dessen vier Felgenteile für den Radkranz durch Stifte zusammengefügt waren; um das Rad lief außen ein Metallreif, der Raddurchmesser betrug etwa 70 cm. – G. Raepsaet, »À propos d'Hésiode, Erga v. 426«, in: *Revue Belge de Philologie et d'Histoire* 65 (1987) S. 21–30, legt (nach Vasenbildern) dar, daß Hesiods Beschreibung zu einem sehr kleinen zweirädrigen Gefährt mit einfachen Rädern und einer Ladefläche von nur 75×75 cm paßt. Hesiod beschreibt die Geräte nicht genau, sondern setzt Grundkenntnisse und Fertigkeiten voraus.
426 ff. Hauptteil des alten Pfluges war das Krummholz, an dem unten der Scharbaum (Sohle) mit der eisernen Pflugschar befestigt (wohl verkeilt) war; nach hinten oben ragte vom Scharbaum der Sterz mit Handgriff für den Pflüger, vorne am Krummholz war die Deichsel befestigt.
429 *Athenes Knecht:* der Zimmermann.
432 Beim selbst gekrümmten Pflug bestehen Krummholz und Scharbaum aus einem Stück.

435 Nach Aristoteles, *Historia animalium* 575a 31, erlangen Rinder im 5. Jahr ihre größte Kraft und leben 15 bis 20 Jahre.
441 Das Brot ist wohl in acht Sektoren geteilt.

Aussaat (447–491)

447 ff. Mahnung, die Voraussetzung für gute Ernten vorher zu schaffen. – Die Pflüge- und Säe-Zeit dauert von Anfang November bis zur Wintersonnenwende; in der trockenen Zeit konnte man nicht säen. Eigentlich sind es nur zwei Jahreszeiten, die Regenzeit von September bis März und der Sommer.
449 Pflügen und Säen erfolgen gleichzeitig; von Düngen ist übrigens nie die Rede.
458 Zum Pflügen gehören drei: Pflüger, Ochsenführer und der nachgehende Knecht, der die Saat zudeckt.
461 Das Brachland muß im Frühjahr (ggf. zu Sommeranfang nochmals) gepflügt und im Herbst besät werden, bevor der große Regen fällt.
465 ff. Richtige Wintersaat und ihre Folgen.
474 Man muß die Fässer erst reinigen, sonst gibt es Ärger, wenn man das Korn später herausholt.
485 Der Kuckuck ruft, wenn die Eiche schon Laub hat, im Spätfrühling.

Winter (492–569)

Wintermahnungen (492–502)

492 ff. Der Winter dauert zwei Monate, von der Wintersonnwende bis Ende Februar; auch diese dürfen nicht nutzlos verstreichen. – Homer, *Odyssee* 18,328, nennt die gleichen Unterkünfte wie Hesiod für fahrende Leute; λέσχη heißt eine (im Winter wohl gewärmte) Gemeindestube.
496 Der Fuß ist von Kälte geschwollen.
497 Der Vers beweist nur, daß leere Hoffnung kein Gut ist, nicht daß die Hoffnung selbst kein Gut ist.

502 Die Knechte werden nicht jedes Jahr neue Hütten bauen, sondern die alten nur erneuern.

Winterbild (503–534)

503 ff. Die Tiere unterliegen wehrlos dem Winter; der Mensch schützt sich durch Haus und Kleidung und nützt die Zeit. – Der Lenaion liegt Mitte Januar/Februar.

523 Vom »knochenlosen« Tintenfisch (Octopus) sagte man im Altertum, er benage vor Hunger die eigenen »Füße«.

527 Πανέλληνες als Name für Griechenland erscheint hier zum ersten Mal. Das Wort bezeichnet die Gesamtheit der Hellenen. Zu den »dunkelfarbigen Männern« (Äthiopen) vgl. Herodot 2,29 f.

532 Der Dichter denkt beim Bild von den Dreifüßigen wohl an das Rätsel der Sphinx, Ödipus wurde bereits 163 erwähnt; vgl. *Theogonie* 326.

Winterkleidung; Nutzung der Zeit (535–569)

537 Als Kette bezeichnet man die senkrecht stehenden oder hängenden Fäden im Webstuhl. Damit der Einschlag, die waagerecht eingeschossenen Fäden, reichlich sein kann und Platz findet, dürfen die senkrechten Fäden nicht allzu eng beisammen stehen.

540 Leder von einem geschlachteten Tier ist besser als Leder von einem an Krankheit gestorbenen.

542 Erwachsene Ziegen geben größere Felle.

557 Kalter Regen macht die Schafe naß und krank.

559 f. Im Winter schlafen die Knechte länger, brauchen also nicht so viel zu essen. Bis zur Tag- und Nachtgleiche im Frühjahr soll man die im Winter gekürzte Nahrung für Mensch und Tier langsam erhöhen.

562 Sechzig Tage nach der Wintersonnwende (um den 18. Februar also) steigt der Arkturos bei Sonnenuntergang auf und leuchtet die ganze Nacht hindurch. Hesiod leitet vom Winter zum Frühling über.

565 Arkturos, im Sternbild Bootes; er heißt Bärenhüter, weil er um das Sternbild des Bären zu kreisen scheint.

567 ff. Wenn die ersten Schwalben kommen, soll man die Reben beschneiden (Frühlingsarbeit, März/April). – Prokne war die Tochter des Königs Pandion von Athen (daher Πανδιονίς) und verheiratet mit König Tereus von Thrakien; dieser vergewaltigte ihre Schwester Philomele, doch rächen sich die Schwestern und töten den Sohn des Tereus. Dieser verfolgt sie in blinder Wut, doch werden Prokne in eine Schwalbe und Philomele in die Nachtigall verwandelt.

Sommer (570–616)

Sommermahnungen (570–580)

570 f. Nun erfolgt ein Sprung bis zur Erntezeit (Mai/Juni). Nach 382 soll man beim Frühaufgang der Pleiaden (Mitte Mai) mit der Ernte beginnen.

576 f. Hesiod mahnt, man solle den vollen Tag zur Ernte ausnützen, und bleibt so im Zusammenhang Arbeit – rechtzeitige Arbeit – Fleiß; vgl. Sprüche 20,13: »Liebe den Schlaf nicht, daß du nicht arm werdest.«

Sommerbild (581–595)

581 Zikaden, die im Baum sitzen, beschreibt auch Homer, *Ilias* 3,152.

586 Hundstage nannte man die Hitzeperiode im August; in die Hundstage fiel früher der heute durch die Präzession abweichende Aufgang des Hundssternes Sirius.

588 »Biblinos« heißt der Wein nach dem Namen einer thrakischen Rebe. – Die Üppigkeit beim Sommerfest hebt sich von der sonstigen Ärmlichkeit des Lebens ab.

589 ff. Nur hier kommt bei Hesiod ausdrücklich Viehwirtschaft vor; er gibt also keine genaue Beschreibung eines

Bauernhofes. – Milch gewann man meist von Schafen und Ziegen.

Korn- und Weinernte (596–616)

596 Der Besitz mehrerer Sklaven war nichts besonderes.

597 Der Orion ist in Griechenland von April bis Juli nicht sichtbar; zur Dreschzeit (Ende Juni / Anfang Juli) taucht er wieder auf. Erst jetzt wird das im Mai geschnittene Getreide durch Ochsen ausgetreten.

598 Der Platz soll windig sein, damit die Spreu gut weggeblasen wird.

601 Vielleicht werden nach dem Dreschen die Knechte neu eingestellt wie bei uns um Lichtmeß oder Michaelis.

602 *gekalbt:* Tiermetapher für den Menschen.

603 Hundefutter bestand auch vielfach aus Zerealien (Feldfrüchten).

608 f. Der Frühaufgang des Arkturos im Bootes ist Mitte September; dann stehen Orion und Sirius hoch am Morgenhimmel. Bezeichnet sind Herbstbeginn und Weinlese.

613 Keltern und Ausbau des Weines sind übergangen; vielleicht handelt es sich hier nur um Rosinen, denn nach so langer Trocknung der Trauben kann es keinen Wein mehr geben.

614 Die Hyaden sind das Sternbild am Kopf des Stieres und galten als Schwestern der Pleiaden. Sie gehen bald nach diesen, um den 4. November, unter. *Ilias* 18,486 geben die Pleiaden den ersten Hinweis zum Pflügen. – Nun ist das Bauernjahr beendet; für den folgenden Herbst verweist der Dichter auf den Anfang (457).

Seefahrt (617–693)

Landwirtschaft hatte die Griechen lange ernährt; sie allein preist Hesiod, zumal Seefahrt im Mutterland erst nach seiner Zeit in Schwung kam. Doch verkauften die bötischen Bauern ihren Überschuß an Korn und Wein (vielleicht auch Eisengeräte und Tongefäße) wohl bereits über den billigeren Schiffstransport, und Seehandel war für sie Nebenerwerb, so daß Hesiod darauf eingehen muß. Thespiai hatte einen Hafen am korinthischen Golf. Da Seefahrt für Hesiod nur als Ergänzung der Landwirtschaft denkbar ist, mahnt er, die Abwesenheit vom Hof möglichst kurz zu halten. Zudem sind ihm Ungewißheit und Zufall des Meeres ein Greuel, und er betont daher besonders die Wahl des richtigen Zeitpunkts. Vielleicht fuhr Perses, ergriffen vom großen Schwung des Lebens, lieber zur See.

Vorsicht und Zeitwahl (617–644)

618 ff. Die Pleiaden leiten (614 f.) zur Seefahrt über; der Untergang der Pleiaden und des Orion war ein bekanntes Zeichen für Verschlechterung des Wetters. Wie bei der Landwirtschaft betont Hesiod die Notwendigkeit von Überlegung und rechter Zeitwahl bei der Seefahrt. Die Gliederung des Ganzen ist offenkundig: Frühling: Arbeit; Sommer: Ruhe (bis 596); Verstauen von Getreide und Schiffsgut bis zur neuen Pflugzeit (bis 629); Schiffahrt und Persönliches (bis 662).

620 Im Gegensatz zu den beständigen Sommer-Etesien sind die Winterwinde unberechenbar.

628 Vgl. 45.

634 Hesiods Vater ist nicht Beispiel für unweise Seefahrt, wie man meinte. Es heißt nur, daß auch er Seehandel trieb.

639 Das Dorf Askra war zur Zeit des Pausanias (2. Jh. n. Chr.) mit Ausnahme eines Turmes verschwunden (Pausanias 9,29). W. M. Leake preist – anders als Hesiod – in seinen *Travels in Northern Greece* (Cambridge 1835, Bd. 2, S. 491) die schöne Umgebung von Askra, die fruchtbaren Felder und das milde Winterklima; Lamberton (S. 30) dagegen findet die Gegend heute noch unerfreulich.

Hesiods Fahrt nach Chalkis (645–661)

650 ff. Die Entfernung von Aulis nach Chalkis ist winzig (z. T. nur einige hundert Meter), und Hesiod scherzt mit seiner Überfahrt. In den *Kyprien* war erzählt, daß stürmisches Wetter die Griechen an der Ausfahrt nach Troia hinderte. Vielleicht will der Dichter einen Gegensatz aufstellen: Die Griechen fuhren weit fort zum Krieg (böse Eris); er fährt nur eine kurze Strecke zu friedlichem Wettkampf (gute Eris).

653 Amphidamas war wohl im Krieg um die Lelantische Ebene (um 710) gegen Eretria gefallen; nicht nur epische Heroen erhielten Leichenspiele, sondern auch bedeutende Männer historischer Zeit.

655 Hesiod siegte »über Homer natürlich« (Wilamowitz, S. 39); jedenfalls geht die Geschichte vom Wettkampf zwischen Homer und Hesiod auf diese Begebenheit zurück. Der Dichter las damals wohl aus der *Theogonie* vor.

657 Pausanias (9,31,3 f.) berichtet, daß oben am Berg Helikon die Quelle Hippukrene entspringe; dort zeigten ihm die Anwohner eine alte Bleitafel, in der Hesiods *Erga* eingeritzt waren.

661 Der Dichter bekennt sich voll Stolz zum Empfang der Wahrheit durch die Musen, obwohl er ohne Sachkenntnis und Erfahrung ist.

Fahrtzeiten (662–693)

662 f. Die beste Fahrtzeit ist, wenn die Etesien wehen; diese beginnen nach der Sommersonnwende (»wenn der Höhepunkt der Sommerzeit da ist«, 663) und dauern etwa 40 Tage.

673 Die Zeit des neuen Weines ist Mitte/Ende September (vgl. 610); der Herbstregen ist der gleiche wie 414.

674 Der Notos weht von Anfang November bis März.

691 Vielleicht denkt Hesiod an Wagen, die die Fracht zum Schiff bringen und nicht überladen werden dürfen; natürlich kann auch jeder Wagen allgemein gemeint sein.

Dritter Hauptteil: Rechtes Verhalten zum Nächsten und zum Göttlichen (694–763)

Der dritte (vermutlich echte) Hauptteil behandelt – nach dem Erwerb – den Weg des Menschen bei seinen persönlichen Entscheidungen und rät zur Klugheit in verschiedenen Lagen (Wahl von Gattin und Freunden, Kult). Die Verse bilden keine »Dublette« zu 341 ff.; dort geht es um Wege zum Wohlstand im sozialen Bereich, hier (694 ff.) um ethische und soziale Verhaltensregeln.

Wahl einer Frau (694–704)

694 ff. Hesiod denkt auch hier an die rechte Zeit. Mädchen heirateten nicht selten sehr jung; der Dichter wendet sich vielleicht gegen die Frühehe und empfiehlt Heirat vier Jahre nach der Pubertät der jungen Frau.

699 Auch die Weisheit Salomons 5,20 warnt vor Beziehungen zu einer Fremden.

701 f. Die Verse sind nachgeahmt von Semonides von Amorgos frg. 6.

Verhalten zum Nächsten (705–722)

705 Der Warnung vor Aufsicht der Götter entspricht die abschließende Warnung vor schlechtem Ruf (762 f.).

721 f. Empfehlung, die »Beziehungen« zu pflegen.

Verhalten zum Göttlichen (723–763)

Die Verwandtschaft dieser Reinheitsvorschriften mit den sogenannten pythagoreischen Symbolen (Tabuvorschriften) ist offenkundig; beide Regelsammlungen fußen auf volkstümlichen Vorstellungen. Der Abschnitt bei Hesiod muß nicht unecht sein; die sonst eher rationale Religiosität des Dichters wird hier durch die Kultvorschriften ergänzt.

723 Götteropfer waren morgens und abends (338) vorgeschrieben; hier geht es um die Ausführung im einzelnen. Händewaschen vor dem Opfer ist weitverbreiteter Brauch.

726 Urinieren zur Sonne gewandt verboten auch die pythagoreischen Symbola; Diogenes Laertios 8,17.

730 Urinieren im Hocken findet sich als Brauch frommer Männer in Griechenland noch heute; Herodot berichtet es von ägyptischen Männern (2,35).

732 Beischlaf machte nach den Kultvorschriften zahlreicher Religionen unrein; es war Sitte, sich danach zu waschen. In archaischer Zeit standen vielleicht Ehebett und Herd im gleichen Raum, und der heilige Herd war zu achten.

735 Die Götter haben an jedem Mahl teil, das ein Opfer einschließt.

739 Es geht in der ersten Vershälfte nicht um Schmutz, sondern um innere Befleckung, unwürdigen Zustand.

741 ff. Das Trockene am Fingernagel ist das Abgestorbene, Tote; Abschneiden des Abgestorbenen beim Opfer beleidigt die Götter. Bei Petron 104,5 ist Rasieren und Nägelschneiden bei drohendem Sturm auf dem Schiff verboten.

744 Gemeint ist vielleicht, man solle die Geräte während des Gebrauches nicht so ablegen wie sonst. Von 744 bis 750 herrscht der Begriff »auf/über« ⟨etwas⟩ vor.

745 Das unverputzte Haus zieht entweder den Unglücksvogel (sonst nicht belegt) an, oder die Krähe verlacht den Hausherrn und kündet ihm den drohenden Winter an.

747 Der Fußkessel steht im Gegensatz zum Dreifuß auf nur einem Fuß.

749 »Unbewegliches« meint vielleicht Nichtzuprofanierendes, Herd, Altar, Grabstein.

752 Es war verbreiteter Glaube, der Mann werde durch Absonderungen des weiblichen Körpers geschwächt.

757 Quellen galten als Wohnstätte der Quellnymphen und sind vielen Griechen heute noch heilig.

759 Nun zeigt Hesiod abschließend die höhere Einheit aller

seiner Mahnungen: Gerechtigkeit und Arbeit, Anstand und Reinheit führen zu Ansehen unter den Menschen. Der gute Ruf entspricht der guten Eris, der schlechte der schlechten.

Vierter Hauptteil: Wahl der Tage (764–827)

Die »Tage« wurden vielfach für unecht erklärt, wobei man betonte, die »rationale« Religiosität des sonstigen Textes (ohne Monatstage, Vogelzeichen usw.) passe nicht zu dieser Tagewählerei. Wilamowitz (S. 8) dachte an einen Zusatz aus dem Ende des 7. Jahrhunderts, während Solmsen (S. 298) wenigstens den Eingang der »Tage« als mit Sicherheit echt ansah. Die Antike bezweifelte die Echtheit nie; auch neuere Gelehrte erkennen sie an (z. B. Meyer, S. 15; Groningen, S. 293). In der Tat trifft der oft geäußerte Vorwurf der Strukturlosigkeit nicht zu; die »Tage« besitzen eine lebendige und verständliche Struktur. Ebenso scheitert der Versuch, die Hesiodische Religiosität in eine ethisch bedeutende (und daher »echte«) und eine abergläubisch-kleinliche (also »unechte«) Komponente zu zerlegen.

Tagewählerei war in Ägypten, im Orient und in Griechenland alt und verbreitet (z. T. in der Medizin); sie setzt nur Zählung der Tage des natürlichen Monats voraus, nicht einmal einen Kalender. Grundgedanke ist, daß, was gedeihen soll, unter dem zunehmenden, was abnehmen soll, unter dem abnehmenden Mond zu verrichten ist und daß die Vollmondtage die besten sind. So war es auch beim Tempelkult, besonders bei dem des Apollon (Nilsson, S. 624). Der Monat hat 30 Tage, meist in drei Dekaden geteilt; eine Halbierung des Monats erscheint wohl 797.

Hesiod bespricht die Tage in dieser Reihenfolge: 1, 4, 7, 8, 9, 11, 12, 13, 16, 6, 8, 12, 20, 10, 14, 4, 5te (= 5, 15, 25), 17, 4, 19, 9, 27, 14, 24. Die Reihenfolge ist jedoch keineswegs willkürlich: Erst werden ganze Tage als glücklich aufgezählt; vom Elften an sind Teile von Tagen günstig. Von 784 an kommen Tage, die für das gleiche Geschäft glücklich oder unglücklich sind, oder es sind die Tage der gleichen Nummer in verschiedenen Dekaden nacheinander genannt. Auch sind die vierten Tage an Beginn und Ende des Monats wichtig, dann die fünften, die mittleren siebten, der erste und dritte neunte usw. Echt hesiodisch schließt das Ganze (wie 759 ff.) mit einer Mahnung.

765 f. Hier scheint ein größeres Gehöft vorausgesetzt, wo man die Rationen einmal im Monat am Dreißigsten verteilt. Ist der Herr sonst abwesend?

767 Der Vers wirkt wie eine (neue) Überschrift. Bis 778 sind die Tage der ersten Monatshälfte besprochen.

769 Gemeint sind die ersten, vierten und siebten Tage nach dem Neumond; der Vierte war dem Hermes, der Siebte dem Apollon heilig.

770 Die Heiligung des Siebten durch Apollons Geburt ist auch sonst belegt; ebenso die goldene Waffe.

776 Vielleicht sind nur die bei Herbstanfang fliegenden Spinnen gemeint; Vorbereitung der Winterarbeit für die Frau?

777 *hoch am Tag* (?): eigentlich »am vollen Tag«; der Tag »wächst« analog zum Mond.

780 f. Wenn der Mond abnimmt, soll man nicht säen, was wachsen soll; die folgenden Verse (bis 784) führen die Abfolge im Monat weiter.

782 Es geht um Geburt, nicht um Zeugung.

784 Der Sechste galt später als Geburtstag der Artemis.

785 Viehzucht ist bei Hesiod wenig angesprochen.

793 Gemeint ist der vierzehnte Monatstag; 797 sind der vierte und der vierundzwanzigste Tag gemeint, die Verse gehören also zusammen.

796 *Gib ... acht:* vgl. 764; die Formel scheint neue Teile einzuleiten; beide Male ist der Vierundzwanzigste genannt. Nun kommen zu meidende Tage (bis 801).

798 Der Tag hat besondere Bedeutung.

799 f. Hier Verbindung von Vogelschau und Tagewählerei; Vorbereitung für 827.

801 Ist der fünfte Tag jedes Monats oder der fünfte in jeder Dekade gemeint? Vermutlich ersterer.

804 Man ließ das geschnittene Getreide wohl eine Zeitlang vor dem Dreschen liegen.

808 Der Vierte ist viermal erwähnt: Mädchengeburt (793), Schiffbau (808), Faß (818), allgemein (769).

813 Der dreimal neunte (siebenundzwanzigste) oder der dritte neunte Tag (neunundzwanzigste)? Doch wohl der siebenundzwanzigste, der Tag des letzten Mondwachstums; nun folgen günstige Tage (bis 819).

815 Pferde sind sonst nicht erwähnt.

818 Das Öffnen des Fasses ist ein kritischer Augenblick.

825 ff. Die Schlußverse blicken zurück auf die Notwendigkeit, seine Arbeit zu tun, die Götter nicht zu beleidigen und Übergriffe zu meiden. – Ein Scholion zu 827 berichtet, manche schlössen an diese Worte eine Ornithomanteia (Wahrsagen aus Vogelzeichen, Vogelorakel) Hesiods an (vgl. Pausanias 9,31,4 f. über Hesiod und die Vogelmantik); doch erklärte Apollonios von Rhodos dieses Stück für unecht, so daß es in der Überlieferung fehlt. Der Übergang blieb stehen. *Wenn* ein Vogelorakel folgte (vgl. 800 und den *Frauenkatalog* als Anhang der *Theogonie*), war es kaum länger als die »Tage«.

Literaturhinweise

Vorwiegend benützte Ausgaben und Übersetzungen

Hesiod's Werke. Verdeutscht im Versmaße der Urschrift von Eduard Eyth. Stuttgart: Krais & Hoffmann, [2]1865.

The Epics of Hesiod. With an English Commentary [. . .] by F. A. Paley. London: Whittaker, [2]1883.

Hesiodi carmina. Recensuit Aloisius Rzach. Leipzig: Teubner, 1902. [3]1913. Nachdr. Stuttgart: Teubner, 1958.

Hesiode: Les Travaux et les Jours. Texte grec avec une introduction, des notes et une traduction française par Pierre Waltz. Paris: Picard, 1909.

Hesiodos Erga. Erkl. von Ulrich von Wilamowitz-Moellendorff. Berlin: Weidmann, 1928. [2]1962. [3]1970.

Hesiods Werke und Tage. Griechisch und deutsch. Deutsche Übersetzung von Helmut von den Steinen. Mainz: Mainzer Presse, 1930.

Hesiod: Works and Days. Edited by Thomas Alan Sinclair. London: MacMillan, 1932. Nachdr. Hildesheim: Olms, 1966.

Hesiod: Sämtliche Werke. Deutsch von Thassilo von Scheffer. Wien: Phaidon, 1936. Wiesbaden: Dieterich, 1947.

Hesiod: Sämtliche Gedichte. Übersetzt und erläutert von Walter Marg. Zürich / Stuttgart: Artemis, 1970. Nachdruck mit Einführung und Erläuterungen von Manfred Erler. München 1990.

Hesiodi Theogonia. Opera et dies. Scutum, edidit Friedrich Solmsen. Fragmenta selecta ed. Reinhold Merkelbach et Martin Litchfield West. Oxford: Clarendon Press, 1970. [3]1990.

Hesiod: Works and Days. Edited with Prolegomena and Commentary by Martin Litchfield West. Oxford: Clarendon Press, 1978. Nachdr. ebd., 1980.

Verdenius, Willem J.: A Commentary on Hesiod, Works and Days vv. 1–382. Leiden 1985.

Hesiod: Theogonie. Werke und Tage. Griechisch und deutsch. Herausgegeben und übersetzt von Albert von Schirnding. Einführung und Register von Ernst G. Schmidt. Berlin: de Gruyter, [5]2012.

Hesiod: Works and Days. Translation and Commentary for the Social Sciences by David W. Tandy and Walter C. Neale. Berkeley: Univ. of California Press, 1996.

Hesiod: Opere. Hrsg. mit Einf. und Komm. von Graziano Arrighetti. Turin: Einaudi-Gallimard, 1998.

Scholien, Indizes, Lexikon

Plutarchus: Moralia. Recogn. Gregorius N. Bernardakis. Leipzig 1896. Bd. 7. S. 51–98. [Enthält Plutarchs Scholien zu Hesiod.]

Poetae minores Graeci. Lectionis variet. et indic. locupletiss. instrux. Th. Gaisford. Bd. 2. Leipzig 1823. [Enthält die Scholien des Proklos, Tzetzes und Moschopulos.]

Scholia vetera in Hesiodi Opera et Dies. Recensuit Augustinus Pertusi. Mailand 1955.

Manuel Moschopuli Commentarium in Hesiodi Opera et dies. Edidit Simonetta Grandolini. Rom 1991. [Moschopulus' Scholien zu »Werke und Tage«.]

Paulson, Johannes: Index Hesiodeus. Lund 1890. Nachdr. Hildesheim 1970.

Minton, William W.: Concordance to the Hesiodic Corpus. Leiden 1976.

Hofinger, Marcel: Lexicon Hesiodeum cum indice inverso. Leiden 1975.

Tebben, Joseph R.: A Computer Concordance to Hesiod. Hildesheim 1977.

Forschungsliteratur

Accame, Silvio: L'invocazione alla Musa e la »Verità« in Omero e in Esiodo. In: Rivista di Filologia e di Istruzione Classica 91 (1963) S. 257–281. 385–415.

Albertsen, Leif L.: Das Lehrgedicht. Aarhus 1967.

Aly, Wolf: Die literarische Überlieferung des Prometheusmythos. In: Rheinisches Museum 68 (1913) S. 545–559.

– Geschichte der griechischen Literatur. Bielefeld 1925.

Baldry, C. H.: Who Invented the Golden Age? In: Classical Quarterly 46 (1952) S. 83–92.

Berres, Thomas: Versuch einer Wesensbestimmung des archaischen Gedankengangs. In: Hermes 128 (2000) S. 129–151.

Blümer, Wilhelm: Interpretation archaischer Dichtung. Die mythologischen Partien der Erga Hesiods. Münster 2001.

Blusch, Jürgen: Formen und Inhalt von Hesiods individuellem Denken. Bonn 1970.

Bona Quaglia, Luciana: Gli »Erga« di Esiodo. Turin 1973.

Buzio, Carlo: Esiodo nel mondo Greco. Mailand 1938.

Ciccolella, Federica: Hesiod. In: Die Rezeption der antiken Literatur. Kulturhistorisches Werklexikon. Hrsg. von Christine Walde. Stuttgart/Weimar 2010. (Der Neue Pauly. Suppl.-Bd. 7) Sp. 295–322.

Dalfen, Joachim: Die Hybris der Nachtigall. Zu der Fabel bei Hesiod (Erga 202–218). In: Wiener Studien 107/108 (1994/1995) S. 157–177.

Daly, Lloyd W.: Hesiod's Fable. In: Transactions and Proceedings of the American Philological Association 92 (1961) S. 45–51.

Diller, Hans: Die dichterische Form von Hesiods Erga. In: Abhandlungen der Akademie der Wissenschaften und der Literatur. Mainz 1961. Bd. 2. S. 41–69.

Dornseiff, Franz: Hesiods Werke und Tage und das alte Morgenland. In: F. D.: Antike und Alter Orient. Leipzig 1956. S. 72–95.

DuBois, Page: Eros and the Woman. In: Ramus 21 (1992) S. 97 bis 116.

Duran, Marti: Oaths and the Settlement of Disputes in Hesiod. In: Zeitschrift für Rechtsgeschichte 116 (1999) S. 25–48.

Edwards, Anthony T.: Hesiod's Ascra. Berkeley 2004.

Edwards, G. P.: The Language of Hesiod in its Traditional Context. Oxford 1971.

Effe, Bernd: Dichtung und Lehre. Untersuchungen zur Typologie des antiken Lehrgedichts. München 1977.

Erbse, Hartmut: Die Funktion des Rechtsgedankens in Hesiods Erga. In: Hermes 121 (1993) S. 12–28.

Fink, Gerhard: Pandora und Epimetheus. Diss. Erlangen 1958.

Fränkel, Hermann: Dichtung und Philosophie des frühen Griechentums. München [2]1962.

Friedländer, Paul: Prometheus – Pandora und die Weltalter bei Hesiod. In: P. F.: Studien zur antiken Literatur und Kunst. Berlin 1969. S. 65–67.

– Hypothekai. In: Studien zur antiken Literatur und Kunst. Berlin 1969. S. 264–275.

Fuhrer, Therese / Juckel, Andreas: Art. »Lehrdichtung«. In: Reallexikon für Antike und Christentum 22 (2008) Sp. 1034–90.

Gagarin, Michael: Dike in the Works and Days. In: Classical Philology 68 (1973) S. 81–94.

Golla, Korbinian: Hesiods Erga. Aspekte ihrer geistigen Physiognomie. Berlin 2016.

Groningen, Bernard Abraham van: La composition littéraire archaïque grecque. In: Verhandelingen der Koninklijke Nederlandse Akademie van Wetenschappen Nr. 65. Amsterdam 1958.

Hamilton, Richard: The Architecture of Hesiodic Poetry. Baltimore 1989.

Harder, Richard: Besprechung von Hesiodos, Erga, erklärt von U. v. Wilamowitz-M. (1928). In: Deutsche Literaturzeitung 11 (1931) S. 437–499. Wiederabgedr. in: R. H.: Kleine Schriften. München 1960. S. 160–174.

Hays, H. Michel: Notes on the Works and Days of Hesiod. Chicago 1918.
Heath, Malcolm: Hesiod's Didactic Poetry. In: Classical Quarterly 35 (1985) S. 245–263.
Heitsch, Ernst: Das Prometheus-Gedicht bei Hesiod. In: Rheinisches Museum 106 (1963) S. 1–15.
– Hesiod. Darmstadt 1966. (Wege der Forschung. 44.)
Hésiode et son influence. Entretiens sur l'antiquité Classique 7. Vandoevres / Genf 1962.
Heuß, Alfred: Hellas. In: Propyläen Weltgeschichte. Bd. 3. Berlin 1962. S. 69–400.
Hoekstra, A.: Hésiode et la Tradition Orale. In: Mnemosyne. Ser. 4. 10 (1957) S. 193–225.
Jaeger, Werner: Paideia. Bd. 1. Berlin ²1936.
Jensen, M. Skafte: Tradition and Individuality in Hesiod's Works and Days. In: Classica et Mediaevalia 27 (1966) S. 1 bis 27.
Kanelopoulos, Charles: L'agriculture d'Hésiode. Paris 1990.
Kaufmann-Bühler, Dieter: Hesiod und die Tisis in der Odyssee. In: Hermes 84 (1956) S. 267–295.
Kerschensteiner, Jula: Zu Aufbau und Gedankenführung von Hesiods Erga. In: Hermes 79 (1944) S. 149–191.
Kirchhoff, Adolf: Hesiodos' Mahnlieder an Perses. Berlin 1889.
Köiv, Mait: A Note on the Dating of Hesiod. In: The Classical Quarterly 61 (2011) S. 355–377.
Krafft, Fritz: Vergleichende Untersuchungen zu Homer und Hesiod. Göttingen 1963.
Kroll, Wilhelm: Lehrgedicht. In: Paulys Realencyclopädie der classischen Altertumswissenschaft [RE]. Bd. 12. Stuttgart 1924. Sp. 1842–57.
Kühn, Josef: Eris und Dike. In: Würzburger Jahrbücher 2 (1947) S. 259–294.
– Besprechung von: O. Lendle, Die Pandorasage bei Hesiod. Würzburg 1957. In: Gnomon 31 (1959) S. 114–123.

Lamberton, Robert: Hesiod. New Haven 1988.
Lardinois, André Pierre: How the Days Fit the Works in Hesiod's Works and Days. In: American Journal of Philology 119 (1998) S. 319–336.
Latacz, Joachim: Die griechische Literatur in Text und Darstellung. Archaische Periode. Stuttgart 1991.
Latte, Kurt: Der Rechtsgedanke im archaischen Griechentum. In: Antike und Abendland 2 (1946) S. 63–84.
Liebermann, Wolf-Lüder: Die Hälfte mehr als das Ganze. In: Hermes 109 (1981) S. 385–409.
Lendle, Otto: Die »Pandorasage« bei Hesiod. Würzburg 1957.
Lesky, Albin: Geschichte der griechischen Literatur. Bern [2]1957.
Marsilio, Maria: Hesiod's Winter Maiden. In: Helios 24 (1997) S. 101–111.
Mazon, Paul: La Composition des Travaux et des Jours. In: Revue des Études Anciennes 14 (1912) S. 329–356.
Meyer, Eduard: Hesiods Erga und das Gedicht von den fünf Menschengeschlechtern. In: E. M.: Kleine Schriften. Bd. 2. Halle 1924. S. 15–66.
Montanari, Franco / Rengakos Antonios [u. a.] (Hrsg.): Brill's Companion to Hesiod. Leiden 2009.
Müller, Karl Otfried: Geschichte der Griechischen Literatur. Bd. 1. Stuttgart [4]1882.
Munding, Heinz: Hesiods Erga in ihrem Verhältnis zur Ilias. Frankfurt a. M. 1959.
– Die böse und die gute Eris. In: Gymnasium 67 (1960) S. 409 bis 422.
Nagler, Michael N.: Discourse and Conflict in Hesiod. Eris and the Erides. In: Ramus 21 (1992) S. 79–96.
Neitzel, Heinz: Homer-Rezeption bei Hesiod. Bonn 1975.
– Pandora und das Faß. In: Hermes 104 (1976) S. 387–419.
Nikolai, Walter: Hesiods Erga. Beobachtungen zum Aufbau. Heidelberg 1964.
Nilsson, Martin P.: Geschichte der griechischen Religion. Bd. 1. München [3]1967.

Pucci, Pietro: Hesiod and the Language of Poetry. Baltimore 1977.

Reitzenstein, Richard / Schaeder, H. Heinrich: Studien zum antiken Synkretismus. Leipzig 1926. Nachdr. Darmstadt 1965.

Richter, Will: Die Landwirtschaft im homerischen Zeitalter. Göttingen 1968.

Rosenmeyer, Thomas G.: Hesiod and Historiography. In: Hermes 85 (1957) S. 257–285.

Rowe, C. J.: Essential Hesiod. Bristol 1978.

Rzach, Alois: Hesiodos. In: Paulys Realencyclopädie der classischen Altertumswissenschaft [RE]. Bd. 8. Stuttgart 1912. Sp. 1167–1240.

Schmid, Wilhelm / Stählin, Otto: Geschichte der griechischen Literatur. Tl. 1: Die Klassische Periode der griechischen Literatur. München 1929.

Schmidt, Jens-Uwe: Adressat und Paraineseform. Göttingen 1986.

Schmitz, Winfried: Nachbarschaft und Dorfgemeinschaft im archaischen klassischen Griechenland. Berlin 2004.

Schwabl, Hans: Hesiodos. In: Paulys Realencyclopädie der classischen Altertumswissenschaft [RE]. Suppl. 12. Stuttgart 1971. Sp. 434–486.

Schwinge, Ernst-Richard: Die Hoffnung im Faß – Hesiods Pandorageschichte. In: Hermes 137 (2009) S. 393–404.

– Hesiods Geschichte von den Menschengeschlechtern (Erga 106–202). In: Gymnasium 119 (2012) S. 425–448.

Sellschopp, Inez: Stilistische Untersuchungen zu Hesiod. Nachdr. Darmstadt 1967.

Snell, Bruno: Die Entdeckung des Geistes. Hamburg [3]1953.

Solmsen, Friedrich: Hesiod and Aeschylus. Ithaca 1949. New York 1967.

– The »Days« of the Works and Days. In: Transactions and Proceedings of the American Philological Association 94 (1963) S. 293–320.

Steitz, August: Die Werke und Tage des Hesiodos nach ihrer Composition geprüft und erklärt. Leipzig 1869.

Tilg, Stefan: »Großer Narr« und »göttlicher Sproß«. Zur Arbeitsweise in Hesiods »Werken und Tagen«. In: Hermes 131 (2003) S. 129–141.

Trencsényi-Waldapfel, Imre: Von Homer bis Vergil. Berlin [2]1975.

Troxler, Hans: Sprache und Wortschatz Hesiods. Zürich 1964.

Verdenius, W. J.: L'association des idées dans Homère, Hésiode, Theognis. In: Revue des Études Grecques 73 (1960) S. 345 bis 361.

Vogt, Ernst: Die Schrift vom Wettkampf Homers und Hesiods. In: Rheinisches Museum 102 (1959) S. 193–221.

Walcot, Peter: The Composition of the Works and Days. In: Revue des Études Grecques 74 (1961) S. 1–19.

– Hesiod and the Didactic Literature of the Near East. In: Revue des Études Grecques 75 (1962) S. 13–36.

– Hesiod and the Law. In: Symbolae Osloenses 38 (1963) S. 5–21.

– Hesiod and the Near East. Cardiff 1966.

Wilamowitz-Moellendorff, Ulrich von: Die griechische Literatur des Altertums. Berlin 1907.

Zimmermann, Bernhard (Hrsg.): Handbuch der griechischen Literatur der Antike. Bd. 1: Die Literatur der archaischen und klassischen Zeit. München 2011.

Nachwort

Leben, Werk, Zeit

Homer und Hesiod schufen nicht nur, wie es heißt (Herodot 2,53), den Griechen ihre Götter, sondern bilden auch den Ausgangspunkt der europäischen Philosophie. Homers Werke entstanden im späten achten Jahrhundert, Hesiod lebte etwa zwischen 740 und 670 v. Chr., trat also wohl von 720 an als Rhapsode auf. Fast alle frühgriechischen Lyriker kennen ihn, und er ist die erste bekannte Persönlichkeit der europäischen Geschichte.

Hesiods Vater war aus Kyme in Kleinasien ausgewandert, hatte sich in Askra, einem Dorf bei Thespiai in Böotien, angesiedelt, lebte dort als Bauer und Händler und hatte einigen Besitz erworben. Der Dichter selbst war in seiner Jugend Schafhirt am Abhang des Helikon und bebaute später das ererbte väterliche Land. Die Dichtung erlernte er wohl von wandernden Rhapsoden, und er schildert in seinem ersten Werk, der *Theogonie*, wie ihn die Musen in ihren Dienst beriefen, um eine wahrere Dichtung zu schaffen als das heroische Epos. Zu seiner zweiten Arbeit, den *Werken und Tagen* (hier abkürzend als *Erga* zitiert), gab ihm der Erbstreit mit seinem Bruder Perses Anlaß. Er trug wohl seine Dichtung auch auswärts vor und berichtet selbst von der Teilnahme am Dichterwettkampf in Chalkis zu Ehren des Helden Amphidamas (*Erga* 646 ff.). Ein altes Volksbuch, der *Wettkampf Homers und Hesiods* aus dem 4. Jahrhundert v. Chr. (jetzige Form aus der Zeit des Kaisers Hadrian), läßt sich die beiden Dichter in Chalkis messen und Hesiod siegen, weil er zu friedlicher Arbeit, nicht zu Krieg und Schlachten mahnt (*Erga* 382 ff.). Hesiod starb wohl in Askra. Um seinen Tod gab es allerlei Legenden (Thukydides 3,96; Plutarch, *Gastmahl der sieben Weisen* 19); bezeugt ist ein Grab mit Inschrift in Orchomenos und ein Standbild auf dem Markt in Thespiai (Pausanias 9,27,5).

Hesiod war vielleicht nicht mehr Sänger, sondern trug die Dichtung schon im Sprechgesang vor. Daß er seine Gedichte selbst niederschrieb, steht außer Zweifel. Wenn er auch die Heldenepen *Ilias* und *Odyssee* kannte, so nahm er die epische Tradition auf, nicht um Geschichten (»schönen Schein«) zu erzählen, sondern um sein Inneres auszusprechen, Einsicht in Welt, Leben und Grundnormen zu vermitteln. Die Musen des Helikon, die er mystisch verehrte, halfen ihm, sich vom epischen Heldensang zu lösen und der »Wahrheit« zu dienen (*Theogonie* 27 f.); so schuf er die neue Gattung des Sach-Epos.

In der *Theogonie* erklärte er Entstehung und Ordnung der Welt und schuf aus Mythen der Vorzeit und des Orients ein festes Schöpfungs- und Religionsgefüge, das in der Errichtung höherer Ordnung durch Zeus und die olympischen Götter gipfelte.

Die *Werke und Tage* setzen dies fort und verkünden die Macht von Gerechtigkeit und Ordnung im öffentlichen und privaten Leben. Der Dichter legt die mythischen Grundlagen, bespricht die Bedeutung von Recht und Arbeit im Zusammenleben der Menschen und endet mit Ratschlägen für die persönliche Lebensführung. Wir nehmen dabei an, daß der gesamte Text (V. 1–827) von Hesiod stammt (Unechtheit der »Tage« ist nicht bewiesen). Man schrieb dem Dichter auch »Große Werke« (ἔργα μεγάλα) und weitere Lehrgedichte zu, doch ist hier alles ungewiß.

Vielleicht von Hesiod stammt der sogenannte *Frauenkatalog* (*Ehoien*), eine Fortsetzung der *Theogonie*, in der Verbindungen von Göttern mit Menschenfrauen aufgeführt waren, »der erste Versuch einer Weltgeschichte«[1]. Ein Abschnitt aus dem vierten Buch (Geschichte der Alkmene) ist

1 Ulrich von Wilamowitz-Moellendorff, *Die griechische Literatur des Altertums*, Berlin 1907, S. 21.

erhalten; geschildert wird der Kampf des Herakles mit dem Ungeheuer Kyknos, wobei die Rüstung des Helden und besonders sein Schildschmuck beschrieben sind.

Kommt man von Homer, fühlt man sich bei Hesiod in einer anderen Welt; Standesehre, Schönheit, Eleganz bedeuten ihm wenig, die Welt hat für ihn nicht mehr unmittelbaren Reiz, und so meinte Alexander der Große, Homer sei ein Dichter für Könige, Hesiod einer für Bauern (Dion Chrysostomos 2,8). Der Dichter grübelt schwerblütig über das Dasein nach und trägt das Erkannte oft eifernd vor. Er ist aber kein Pessimist[2], sondern kennt nur die Schwierigkeit, das Gute durchzusetzen, rät auch zu kräftiger Selbstbehauptung und kennt Freude an Festen. Wenn er auch vom Leben der kleinen Leute, der Bauern, Hirten, Handwerker spricht, ist er doch kein Revolutionär, sondern fordert nur überkommene Ordnungsnormen ein: Götterfurcht, Gerechtigkeit, Arbeit.

Das Königtum hatte damals längst abgedankt, und auch die Macht der aristokratischen »Könige« (Großgrundbesitzer) scheint abzunehmen. Stadtstaat, Wohlstand und Seehandel beginnen sich abzuzeichnen. Daneben wirtschaften kleinere Bauern (wie Hesiod) geistig und rechtlich selbständig, wenn auch vorerst ohne Anteil am Regiment. Sie besaßen etwa Wohnhaus und umfriedeten Hof, Ställe, Lagerräume und Quelle, hatten Ziegen und Schafe für Milch und Kleidung, als Zugtiere zwei Ochsen und vielleicht auch Maulesel, sie konnten Sklaven und Tagelöhner beschäftigen. Ein Schiff zum Seehandel mochte hinzutreten. Und doch kündigt sich die Krise an: Land kann erworben und veräußert werden, Handelsgeschäfte entstehen, die Besitzverhältnisse werden ungleich. Der Dichter schildert die Nöte der kleinen Bauern, weist ihnen aber auch den Weg zu Wohlstand und Sicherheit durch Gerechtigkeit und Arbeit. Von

2 Dies nahm Hermann Diels an, *Der antike Pessimismus*, Berlin 1921, S. 12.

adelsfeindlicher Tendenz ist keine Rede, höchstens darin, daß der Dichter die Arbeit preist, die höhere Stände banausisch nannten. Nur hierin ist er wirklich revolutionär.

Hesiods Bedeutung besteht neben dem Preis der Arbeit darin, daß er nach Homer den ersten Schritt zu philosophischem Denken tat, indem er die beiden Hauptthemen der Philosophie systematisch behandelte: die Entstehung der Welt und die ethische Frage. Dabei entspricht der monistischen Theorie der Vorsokratiker bei Hesiod der Zug zum Zeus-Monotheismus; doch kennt er auch die bewegende Kraft des Eros. Hesiod ist in der Lehre von den Weltaltern Vorläufer der Geschichtsphilosophie und Anthropologie und Vorgänger der Geschichtsschreibung im (genealogischen) *Frauenkatalog*. Er führt die Mahnung (Paränese) in die Dichtung ein, entwirft eine Utopie (*Erga* 224 ff.) und wird mit seiner Begründung der Gerechtigkeit zum ersten Rechtsphilosophen. Sein Kampf gegen das »Naturrecht« des Stärkeren nimmt Platons *Gorgias* zum Teil vorweg.

Anlaß der »Werke und Tage«

Nachdem Hesiod in der *Theogonie* die Weltschöpfung und das Wesen der Götter behandelt hatte, lag es nahe, über das Leben der Menschen und seine Bedingungen nachzusinnen. Den äußeren Anlaß lieferte ein Rechtsstreit mit Hesiods Bruder Perses um das väterliche Erbe.

Hesiod und Perses hatten in einem Erbstreit den Besitz des Vaters geteilt; doch verarmte der Bruder und wollte noch mehr an sich ziehen, als ihm zustand, auf die Richter-»Könige« hoffend, denen er sich gefällig zeigen wollte. Ein neuer Prozeß ist jedoch nicht anhängig und soll vermieden werden. Diesen Zustand spiegelt das Gedicht.

Der Erbprozeß war wohl in Thespiai, Südböotiens größter Stadt, geführt worden, und zwar vor adeligen Grundherren, die Titel und Pflicht zur Rechtsprechung von früheren Königen übernahmen (vgl. Homer, *Ilias* 16,542). Homers *Odyssee* gibt einen Begriff von der Herrschaft solcher Mächtiger, und Hesiods Grundannahme ist, daß Perses immer noch streitsüchtig, die Könige immer noch bestechlich sind. So kleidete er Warnung und Mahnung in Gedichtform, um sie öffentlich wirksam zu machen, trug sie wohl auch allen auf dem Marktplatz (Agora) vor. Sein Fall beschäftigte ihn derart, daß er das ganze Gedicht hindurch an Perses als Adressaten festhält, obschon er alle Menschen ansprechen will.

Keineswegs jedoch soll das Epos in einen aktuellen Rechtsstreit – der gar nicht vorliegt – eingreifen. Hesiod setzt das Aktuell-Gegebene in etwas Dauernd-Seiendes um und begreift sein persönliches Erleben als den Kampf zweier Gewalten um den Sieg des Rechtes. Die der Habgier entspringende Streitsucht (böse Eris), lehrt er, muß überwunden werden, indem man der Gerechtigkeit folgt und in löblichem Wettstreit mit den Nachbarn (gute Eris) Wohlstand durch ehrliche Arbeit erwirbt. Schließlich legt er dem Bruder – und mit ihm allen Menschen – einen Lebensplan vor, der Besitz, ja Glück bringen soll. Der Streitfall wird ein Fall von allgemeiner Bedeutung.

Vorbilder und Verwandte

Hesiod hatte schon für die *Theogonie* mit ihrer Fülle von Mythen ganze Sammlungen angelegt, und auch diesmal stand ihm das wichtigste Wissen der Zeit vielleicht schon aus Büchern, aus Sängervorträgen und aus mündlicher Tradition zu Gebote. Einflüsse des Orients kamen durch die Phoiniker (besonders über Rhodos) nach Griechenland, und wenn auch Hesiods *Erga* keine enge Beziehung zum Nahen Osten aufweisen, war doch die geschlossene Form der Mahnrede mit Rahmenerzählung, Beispielen und Sprüchen eine alte, im Vorderen Orient verbreitete Form. Viele Vorbilder dürften uns unbekannt sein; so ist Hesiods Weltsicht der delphischen Apollonreligion vielfach verwandt, doch gibt es keine eigentliche »Parallele«, ist Apollon nur einmal und Delphi überhaupt nicht erwähnt. Ähnlich wird es mit vielen Bauern- und Tagesregeln stehen, deren Herkunft verborgen bleibt.

Ein wichtiges Vorbild bot für den Dichter der Mythos, den er zur Erklärung und Erhellung der Gegenwart[3] verwendet und teilweise umgestaltet, z. B. in der Prometheus-Sage, wo die Verbindung der verborgenen Nahrung mit dem Zwang zur Arbeit von ihm selbst stammt.

Der Weltalter-Mythos, den Hesiod ebenfalls in seinem Sinn umgestaltet, scheint auf orientalische Vorbilder, letztlich über eine persische Apokalypse (*Bahman Yast*) auf indische Yogalehre, zurückzuweisen.[4]

Sollte die Geschichte von Habicht und Nachtigall (201 bis 211) eine Fabel sein, gab es auch dafür orientalische Parallelen oder Vorbilder, so die sumerische Fabel vom Schwein, das vor dem Schlachten schreit, aber vom Metzger belehrt wird, schon seinem Vater und Großvater sei es so ergangen.

Wie gesagt, war die Form der Mahnung einer Person an die andere im Vorderen Orient lang und weit verbreitet; fraglich ist freilich, wie eng diese Literatur mit Hesiod zusammenhängt, handelt es sich doch um einen »Völkergedanken«. Immerhin bildet die Weisheitsliteratur des

3 Als »Daseinsanalyse«; Jürgen Blusch, *Formen und Inhalt von Hesiods individuellem Denken*, Bonn 1970, S. 130.

4 Vgl. die Anmerkungen zu »Die Weltalter« (V. 106–200); Martin P. Nilsson, *Geschichte der griechischen Religion*, Bd. 1, München [3]1967, freilich leugnet strikt, daß wir eine überzeugende Analogie zum Weltalter-Mythos im Nahen Osten besäßen; übereinstimmende Zeugnisse lägen zeitlich zu spät; vgl. Peter Walcot, *Hesiod and the Near East*, Cardiff 1966, S. 85.

Orients einen wichtigen Hintergrund der *Erga*. Ethische Belehrung boten schon sumerisch-akkadische Spruchbücher, deren ältestes *Lehren des Suruppak* hieß (2500 v. Chr.) und großen Einfluß im östlichen Mittelmeerraum ausübte. Wichtig waren auch die akkadischen *Ratschläge der Weisheit* (um 1300), die ägyptischen Lehren des Amen-em-Opet (älter als Hesiod) und das alttestamentliche *Buch der Sprüche*, das zum Teil alte Spruchweisheit anführt. Friedrich Hölderlin schrieb 1790 eine (erhaltene) Magisterarbeit »Parallele zwischen Salomons Sprichwörtern und Hesiods Werken und Tagen«, auch er vorsichtig in der Annahme unmittelbarer »Abhängigkeit«. Den *Erga* nahe verwandt scheinen die erwähnten Lehren des Ägypters Amen-em-Opet, z. B.: »Baue das Feld, auf daß du findest, was du brauchst!« oder »Besser ist ein Scheffel, den dir Gott gibt, als fünftausend, erlangt durch Gewalt« usw. Vielleicht spiegeln sogar die (späteren) Lehren des Ägypters Onchscheschonqui Hesiods Einfluß wider.

Auch für den Typ des Bauernkalenders bei Hesiod bot die Literatur des Orients Vorbilder oder Verwandtes. So enthielten schon tausend Jahre vor den *Erga* die sumerischen Lehren des Ninurta an seinen Sohn praktische Hinweise für den Landbau, und Bauernregeln, auch in längerer zusammenhängender Form, gab es wohl überall und seit früher Zeit. Wiederum bietet der ganzjährige Kalender (mit guten und schlechten Tagen) in der Lehre des Amen-em-Opet eine nahe Parallele zu Hesiods *Erga*. Überhaupt waren Hinweise zur Tagewahl (Hemerologien) in Mesopotamien verbreitet, und angeblich hatte »Orpheus« schon vor Hesiod ein Gedicht »Über die Tage« geschrieben. Gerade in den »Tagen« (Ἡμέραι) bei Hesiod läßt sich orientalischer Einfluß deutlich erkennen; allerdings fehlen uns unmittelbare Quellen zum Nachweis.

Hesiods wichtigstes Vorbild war Homer. Es ist möglich, daß ihm der Streit Agamemnons mit Achilleus um die

Beute zum Exempel des eigenen Streites mit dem Bruder diente, und vielleicht wollte er zeigen, daß es im Gegensatz zur *Ilias* eine bessere Eris gibt, die zur Überflügelung des anderen in friedlichen Werken antreibt.[5] Anregend war auch der homerische Glaube, daß der Mensch für seine Verblendung bestraft wird; die *Odyssee* bot Stellen, die das Vertrauen in die Gerechtigkeit der Götter und den endlichen Sieg der gerechten Weltordnung aussprachen. Allerdings greift Hesiods Rechtsdenken über das Epos hinaus: Vergeltung für Gewalttat tritt von selbst und ohne Zutun des Geschädigten als göttliche Sanktion ein.[6] Erst hier existiert das Recht als Idee.

Auch die Mahnreden Hesiods haben Vorbilder bei Homer, so in der Rede des Phoinix im neunten Buch der *Ilias* (430 ff.). Ansätze zum Sach- oder Lehrgedicht boten der sogenannte Schiffskatalog (*Ilias* 2,484 ff.), die Lehren für den Wagenlenker (*Ilias* 23,306 ff.) oder die Darstellung des Floßbaues durch Odysseus (*Odyssee* 5,234 ff.). Bäuerliche Thematik fand Platz in homerischen Gleichnissen, besonders aber in der Beschreibung des Achilleus-Schildes (z. B. Ernte; *Ilias* 18,550 ff.).

Auch folgen Homer und Hesiod der gleichen poetischen Tradition, verwenden denselben künstlichen Dialekt, dieselbe Metrik, gleiche Phrasen und Formeln. Die angeführten Beispiele zeigen aber, daß Hesiod seinen Vorbildern selbständig gegenübertritt und das Überlieferte in seinem Sinn umgestaltet.

5 Heinz Munding, *Hesiods Erga in ihrem Verhältnis zur Ilias.* Frankfurt a. M. 1959.

6 Dieter Kaufmann-Bühler, »Hesiod und die Tisis in der Odyssee«, in: *Hermes* 84 (1956) S. 293.

Die Lehre der »Werke und Tage«

Antike Theorie leitet das Lehrgedicht von Hesiod ab (Vorstufe zum ländlichen Lehrgedicht schon bei Homer, *Ilias* 18,541 ff.). Freilich genoß die Gattung später nicht das Wohlwollen der Theoretiker, denn Batteux fügt es ungern den »natürlichen« Dichtungsarten zu, und Goethe erklärt es zum »Mittelgeschöpf zwischen Poesie und Rhetorik«[7].

In der Tat entspringt Hesiods Lehrgedicht dem »rhetorischen« Bedürfnis, mit dem Hörer in Verbindung zu treten, ein Zug, mit dem er vom Epos zur Lyrik hinüberleitet.[8] Daher auch die Einfügung des Persönlichen und des Rechtsstreites in sein Epos.

Der Dichter fühlt sich von den Musen berufen, die Wahrheit zu künden, wendet sich an Bruder, Richter, Bauern und schließlich an das allgemeine Du von Weltöffentlichkeit und Menschheit. Er dient einer Mission, und so ist der Ausdruck »Lehrgedicht« letztlich verfehlt: Urheber von Lehrgedichten wollten nie technische Handbücher liefern, sondern mit Hilfe passender Gegenstände Lebenswirklichkeiten erhellen und Gesinnungen vermitteln. »Immer liegt eine [...] mächtige Vorstellung zugrunde, die etwas so Ergreifendes hat, daß der Geist sich gedrungen fühlt, sie nach seinem Vermögen darzustellen«.[9] Eine solche »Lehre« verkündet Hesiod und unterwirft daher alle Teile seiner *Erga* dem Gedanken der Rechtsordnung und der Forderung, den Lebensunterhalt durch ehrliche Arbeit zu gewinnen. Sein Gedicht bietet also nicht systematische Sachbelehrung,

7 Johann Wolfgang von Goethe, *Werke* [»Weimarer Ausgabe«], hrsg. im Auftrag der Großherzogin Sophie von Sachsen, Bd. 41,2, S. 225.

8 Inez Sellschopp, *Stilistische Untersuchungen zu Hesiod*, Nachdr. Darmstadt 1967, S. 46.

9 Karl Otfried Müller, *Geschichte der Griechischen Literatur*, Bd. 1, Stuttgart [4]1882, S. 141.

sondern Lebensregeln anhand der Einzelheiten des Landlebens. Aus demselben Grund wechselt die Art der Darstellung: Mythos, Gleichnis, Erörterung, Spruch, Mahnung, Warnung, Gebot.

Hesiod geht von der Not des Lebens aus, die von den Göttern verhängt ist als Strafe für die Verfehlung des Prometheus (des Stellvertreters der Menschheit). Er betrog die Götter aus bösem Streben (schlechter Eris) um ihren Opferanteil (später wird man solches Tun »Mehrhabenwollen«, πλεονεξία, nennen und den Verfall der Staatsordnung daraus ableiten). Nun werden die Menschen mit Hilfe Pandoras aus dem Paradies des Goldenen Zeitalters vertrieben, müssen arbeiten und technisches Wissen zur Zähmung der Natur entwickeln. In der Folge der fünf Zeitalter verschlechtern sich ihre Lebensbedingungen, doch besitzen sie die Möglichkeit, durch gutes Streben und Gerechtigkeit dem Unheil zu steuern. Die gute Eris führt zu Gerechtigkeit, Fleiß, Wohlstand, die schlechte zu Unrecht, Faulheit, Not. So ermöglicht es Gerechtigkeit, den Folgen der Ursünde zu entgehen.

Diese Weltordnung stammt vom allmächtigen Zeus, dessen Preis Hesiods Gedicht vom Prooimion an dient. Er ragt als Urheber der Weltordnung weit über andere Götter hinaus (Zug zum Monotheismus), hat in seiner Allmacht mit dem Olympier Homers oder dem Kämpfer der *Theogonie* nicht mehr viel gemein und sorgt dafür, daß der Gute Lohn, der Ungerechte Strafe findet. Er und die Götter sind große Mächte, deren Walten der Mensch ehrfürchtig wahrnimmt.

Vermittlerin des Rechtes von den Göttern zu den Menschen ist Dike, die uns über Tier und Faustrecht erhebt. Jeder, der Unrecht tut, verletzt in ihr eine Gottheit, so daß Hybris Unheil, Dike Wohlstand und Glück bringt. Gerechtigkeit beruht also auf dem Gesetz der Götter und auf dem Recht der Menschen. Diese Rechtsidee ist Hesiods Schöpfung, und seit ihm sind »Recht und Gewalt Antipoden[10], lange vor Platon.

In merkwürdiger Doppelsicht stellt Hesiod neben das Recht die Arbeit, und zwar einmal als Strafe des Zeus für anfängliches Unrecht der Menschheit, zum andern aber als Aufgabe der Menschen, als elementare Daseinssorge und Überlebensbedingung. Arbeit bringt materiellen Gewinn und ist gottgefällig, Trägheit bringt Schande bei Göttern und Menschen. So verkündet Hesiod als erster, daß Glück und Frieden nicht in raubtierhaftem Ausleben, sondern in redlicher Arbeit begründet sind. Harte Arbeit und Gerechtigkeit sollen Perses zu Wohlstand und Ansehen führen.

Durch die Lehre, daß Arbeit die Not der Menschen bezwingt, ist Hesiod der »erste Überwinder des Pessimismus«[11]. Es bleibt auch sein Ruhm, ehrliche Handarbeit gepriesen zu haben, die zu verachten man im Altertum nur zu geneigt war. Erst die Christen schätzten arbeitende Menschen, sahen in der Arbeit gottgewollte Mühe, forderten Gebet und Arbeit (*ora et labora*). Daraus erwuchs der Begriff »Adel der Arbeit« (»Arbeit ist des Bürgers Zierde«).

Mit der Arbeit verbinden sich Planung und rechte Zeitwahl. Geregelte bäuerliche Tätigkeit im gleichen Rhythmus der Jahreszeiten setzt eine besondere Form der Rationalität voraus, die der Arbeitspraxis entwächst und zu rationaler Planung des Lebens überhaupt führt. Deshalb folgt der Dichter dem Jahreslauf der bäuerlichen Arbeiten, verweist vielfach auf den rechten Zeitpunkt und überträgt diese Sorgfalt auf die Planung des ganzen Lebens. Das Streben nach solcher Ordnung führt zu relativer Sicherheit des Menschen und entspringt der vorsichtigen Lebensperspektive des kleinen Handwerkers oder Bauern. Zu dieser paßt auch die an Geiz grenzende Sparsamkeit.

10 Hartmut Erbse, »Die Funktion des Rechtsgedankens in Hesiods Erga«, in: *Hermes* 121 (1993) S. 16.

11 Diels, S. 7.

Aufbau des Werkes

Hesiods Erga besitzen eine recht übersichtliche und geschlossene Gliederung, die eine schriftliche Abfassung des Werkes voraussetzt und in den Anmerkungen im einzelnen dargestellt wird. Hier ist nur die Haupteinteilung vorzuführen.

Nach dem Prooimion (1–10) bespricht Hesiod im ersten Hauptteil die Entstehung von Not und Arbeit auf Erden und zeigt Recht und Arbeit als Abhilfe (11–381). Entstanden ist das Übel durch die böse Eris (11–41) und Prometheus und Pandora (42–105) und wirkt sich aus in den fünf Weltaltern (106–200). Abhilfe schaffen die gute Eris, das Recht (201–284) und die Arbeit (285–381). Man sieht deutlich, wie der Dichter zuerst das Allgemeine, Religiös-Mythische und seine Auswirkungen auf Menschen und Polis bespricht (böse Eris, 11–284) und sich dann mehr dem einzelnen und seinen mehr häuslichen Pflichten zuwendet (gute Eris, 285–381).

Der zweite Hauptteil enthält den Arbeitskalender (382 bis 693), der das Thema Arbeit breit entfaltet mit seinen Unterabschnitten Herbst, Winter, Sommer, Seefahrt; hier bietet sich eine sachliche und zeitliche Ordnung von selbst an.

Im dritten Hauptteil lehrt Hesiod das rechte Verhalten zum Nächsten und zum Göttlichen (694–763) und bespricht die Wahl einer Frau, Umgang mit den Nächsten und Kultisches.

Der vierte Hauptteil ist der Wahl der richtigen Tage gewidmet (764–827).

Man kann den Plan noch stärker vereinfachen und drei Groß-Werkteile aufstellen: I. Böse und gute Eris (1–381); II. Arbeit und Pflichten im einzelnen (382–763); III. Tagewahl (764–827). Dabei sind Teil I und II in etwa gleich lang (381 und 382 Verse), was wohl kaum Zufall ist.

Darstellung, Sprache, Stil

Hesiod schuf eine neue Spielart des Epos: zwar herkömmlich in der Form, doch andersartig im Inhalt. Dabei wollte er trotz heterogener Elemente ein einheitliches Ganzes schaffen, was ihm, wie der Werkplan beweist, auch gelang. Wenngleich bei der archaischen Gedankenführung dem Hörer der Zusammenhang manchmal nicht sofort klar wird, erkennt er doch fast immer den Gang der Darstellung und die größeren Einzelstücke. »Wie bei einer Kette ist der Zusammenhalt fortlaufender Erörterung in eine Vielzahl von Einzelgliedern aufgelöst, so daß locker und doch zugleich unlösbar ein Glied an dem anderen hängt«[12]. Ob wirklich jeweils mehrere Einheiten von etwa 7–15 Versen zum Bau größerer Blöcke verwendet sind, wie man meinte, bleibt fraglich.

Nicht selten finden sich Bauteile wie: Anrede, Beschreibung, gnomischer Schluß (so 27–41) oder: Lehre, Bild, Schlußgnome (so 42–105); überhaupt werden Abschnitte durch Gnomen abgeschlossen (so 264/265).

Gelegentlich sind Übergänge fließend, doch warnt Solmsen[13] mit Recht vor Erklärungsprinzipien wie »Assoziation« und betont, viele Abschnitte bildeten durch ihren Hauptgedanken eine Einheit; im übrigen sorgt der Dichter durch wiederholte Leitbegriffe für Klarheit (so steht zwischen 617 und 697 sechsmal das Wort »zeitig«).

Manchmal übergeht Hesiod Wichtiges, was ihm als selbstverständlich gilt, oder schildert nur die herausragende Tätigkeit (wie bei den Jahreszeiten, wo er die Frühlingsarbeiten auf Rebenschneiden und Häufeln der Weinstöcke beschränkt). Gut gelingt dem Dichter die Ausmalung kleiner

12 Paul Friedländer, »Hypothekai«, in: *Studien zur antiken Literatur und Kunst*, Berlin 1969, S. 273.

13 Friedrich Solmsen, »The ›Days‹ of the Works and Days«, in: *Transactions and Proceedings of the American Philological Association* 94 (1963) S. 310.

Szenen, die unser Bild der (nach)homerischen Welt ergänzen, so des Sommerfestes oder der Winterkälte.

Hesiod verwendet Dialekt und Sprache der Homerischen Gedichte, doch beweist er hohe Selbständigkeit in ihrem Gebrauch. Manchmal müht er sich freilich, mit dem epischen Sprachvorrat seine Gedanken und religiös-moralische Welterfahrung in Worte zu fassen. Er bildet die Homerische Sprache für seine Zwecke um, bietet auch eine Fülle von Neubildungen (oder erstmals bei ihm erscheinender Wörter), darunter viele Abstrakta und moralische Begriffe, besonders auch landwirtschaftliche Fachausdrücke, ebenso manche Komposita, vorwiegend als (schmückende) Beiwörter.

Gerne verwendet er volkstümlich verhüllende Umschreibungen wie »Hausträger« für die Schnecke (570), »Fünfzweig« für die Hand (741) usw., neigt zu Etymologien und Wortspielen und erweitert die Bedeutung von Adjektiven in seinem Sinn. Seine Vorliebe gilt reimenden oder antithetischen (3) Anklängen, volltönenden Wörtern (382; im Hellenismus nachgeahmt) und der Lautmalerei (746).

Sein Hexameter entspricht in metrischer Phrasierung und stilistisch dem Homerischen Epos.[14] Der Dichter übernimmt aus Homer zahlreiche Halbverse und kleinere Wendungen, wiederholt allerdings nicht ganze Versgruppen wie Homer (fast einzige Ausnahme: die Formeln in 121, 140, 156). Auffällig ist bei Hesiod dafür die Wiederholung von Schlüsselbegriffen.

Bei weitgehender stilistischer Einheitlichkeit ist der erste Teil der *Erga* eher leidenschaftlich, der zweite mehr beschreibend oder mahnend; überhaupt führt die Absicht der Überredung zu verschiedenen Formen. Die epischen Beiwörter sind nicht formelhaft gebraucht, sondern situations-

14 Alois Rzach, »Hesiodos«, in: *Paulys Realencyclopädie der classischen Altertumswissenschaft*, Bd. 8, Stuttgart 1912, Sp. 1186 ff., notiert zu rund 40% der *Erga*-Verse Homer-Parallelen.

bezogen. Völlig fehlen die Homerischen Gleichnisse; dafür sind Metaphern häufig (359 Erkältung des Herzens; 412 Kampf mit Unglück). Ein neues Stilmittel Hesiods ist die Antithese gleichstämmiger Wörter (berühmt – unberühmt; Scham – Schamlosigkeit; aber auch Glück – Unheil), eine Art von Begriffsspaltung (Dihairesis). Vergleichbar ist die Gegenüberstellung der guten und schlechten Eris oder Stadt (225 ff.). Beliebt ist die Anapher am Versanfang (z. B. 181 ff.); nicht selten findet sich Parallelismus von Versteilen (z. B. 311; nach orientalischem Vorbild?).

Über Homer hinaus geht Hesiod durch das Hervortreten des eigenen Ichs und durch die Anreden an Perses bzw. den Hörer (wie die späteren Elegiker). Wenig homerisch sind auch die kurzen Dialoge im Gegensatz zu den ausgearbeiteten Reden in *Ilias* und *Odyssee*. Viel öfter als Homer gebraucht der Dichter auch den Sinnspruch; »die Präzision der griechischen Gnome tritt bei ihm vorbildlich in Erscheinung«[15].

Hesiods Werk mit seiner Mischung aus archaischer Wucht, früher Logik, schwerem Ernst, Askese und Dingfreude, Aberglauben und verschmitzter Anmut ist schwer zu übersetzen. Kurt v. Fritz findet bei Hesiod viel Ungeschicklichkeit und Unbeholfenheit. »Und trotzdem [...] ist alles ganz dicht und von einer dichterischen Intensität, die kaum ein Dichter mit dem größten Kunstverstand je übertroffen hat.«

Nachwirkung, Ausgaben, Übersetzungen

Homer und Hesiod übten stets eine mächtige Wirkung aus. Generationen von Hellenen lernten von ihnen, ihre Werke waren Grundlage des Schulunterrichtes; Dichter verwende-

15 Wilamowitz-Moellendorff (s. Anm. 1) S. 21.

ten sie und gestalteten sie um. Auch archäologische Zeugnisse (seit der Vasenmalerei des 6. Jahrhunderts) belegen Hesiods Fortwirken. Alois Rzach vermerkt in seiner großen Ausgabe jeweils Hesiods literarische Einflüsse.[16] Die bedeutendste Wirkung erreichte Hesiod als Schöpfer des Lehrgedichtes; letztlich hängen alle Lehrgedichte seither von den seinen ab. Besonders auch seine Auffassung der Arbeit (die Griechen nicht als »Glückskinder«), seine »Geschichtsphilosophie« und seine Gnomen übten auf das Denken der Folgezeit große Wirkung aus, wie zuvor am Ende des Abschnitts »Leben, Werk, Zeit« ausgeführt wurde.

Viele griechische Lyriker stehen unter Hesiods Einfluß. Vielleicht findet sich ein Echo schon bei Tyrtaios (Frg. 6 D nach *Erga* 714); deutlich ist sein Einfluß auf Alkaios (Frg. 94 D nach *Erga* 582 ff.), Archilochos (Hervortreten des eigenen Ich und Frg. 94 D) und auf Semonides von Amorgos (Frg. 6 D nach *Erga* 702 f.). Auch das Elegienbuch des Theognis steht vielfach unter der Einwirkung Hesiods. Solon entwickelt Hesiods Gedanken der sittlichen Rechtsordnung durch Zeus und der Folge von Strafe auf Untaten in seinen Gedichten. Das delphische Orakel benützte Verse der *Erga* ebenso wie die orphische Poesie; für Pindar wurde Hesiod beispielgebend bei der Neufassung des Mythos unter ethischem Aspekt, und das Prometheus-Drama des Aischylos fußt auf ihm (vgl. auch *Perser* 707 mit *Erga* 101).

Vorsokratische Dichter wie Xenophanes, Parmenides, Empedokles gebrauchten und modifizierten den Typus des hesiodischen Lehrgedichts, Xenophanes unter Protest gegen die anthropomorph dargestellten Götter (Frg. 10 D). Vielleicht wirkt auch die Auffassung der zwei Arten von Eris in den philosophischen Systemen von Heraklit, Parmenides und Empedokles weiter, wenn auch Heraklit dem Vorgän-

16 Vgl. auch Carlo Buzio, *Esiodo nel mondo Greco*, Mailand 1938.

ger Vielwisserei (Frg. 57 D) vorwirft und vielleicht seine Tagewählerei angreift (Frg. 106 D).

Peisistratos veranstaltete wohl eine (»kritische«) Gesamtausgabe Hesiods; jedenfalls hielt dieser bald Einzug in die Schule, wo man seine Gnomen lernte. Sokrates wies mehrfach auf den Satz vom breiten Weg der Gemeinheit und dem schmalen der Tugend hin, der noch in den »zwei Wegen« des frühen Christentums wirkt. Platon spielt öfter auf Hesiod an, ebenso Aristoteles und die Redner, die ihn als Ratgeber für das Leben zitieren.

Später bewunderten die alexandrinischen Dichter des dritten und zweiten Jahrhunderts v. Chr. Hesiod; Kallimachos ahmt ihn nach, ebenso Arat und Nikander in ihren Lehrgedichten, später der Perieget Dionysios und (unter Hadrian) Oppian in seinen *Kynegetika*.

Unübersehbar ist Hesiods Nachwirkung in der römischen Dichtung, so bei den Übersetzern des Arat (Cicero, Varro, Germanicus), im Lehrgedicht des Lucrez, in Vergils *Georgica* (dem *Ascraeum carmen*; 2,176), in der »Ars Poetica« des Horaz, in Ovids *Ars Amatoria* und seinen *Halieutica*, bei Manilius.

Später ahmten Dichter der Renaissance Hesiod nach, so Angelo Poliziano in seinen *Silvae* (z. B. dem Rusticus), und gegen 1500 waren die *Erga* in Italien weit verbreitet.

Im 18. Jahrhundert siegte endgültig die Vorstellung vom Lehrgedicht als einer besonderen Gattung, und es entstanden die großen Werke von Barthold Heinrich Brockes, *Irdisches Vergnügen in Gott* (1721–48), Albrecht von Haller, *Die Alpen* (1729), Alexander Pope, *Essay on Man* (1733), später Goethes *Metamorphose der Pflanzen* (1799).

Die Textgestalt von Hesiods *Erga* geht auf alexandrinische Gelehrte zurück; Zenodotos und Aristarchos edierten Hesiods Werke, und auf ihrer Arbeit fußte eine Ausgabe etwa des 2. Jahrhunderts n. Chr., die bereits Textvarianten enthielt. Am Ausgang der Antike war nur mehr eine Handschrift erhalten (wohl mit Scholien), die später in byzantinische Minuskel umgeschrieben wurde. Dies ist unser Archetypus, zu gewinnen aus den Handschriften C (Parisinus 2771; s. XI), D (Laurentianus 31,39; s. XII) und E (Messanius; s. XIII). Hinzu treten einige Papyri (Oxy. 2091; ein Genfer Papyrus; zahlreiche Einzelstellen auf Papyrus).

Ältere Scholien sind zusammengefaßt im Kommentar Plutarchs zu Hesiods *Erga*[17]; aus diesem Material stellte im 5. Jahrhundert n. Chr. der Neuplatoniker Proklos einen Kommentar zu den *Erga* zusammen, der weitgehend erhalten ist. Die Kommentare sind weiter verwendet in den Arbeiten zu den *Erga* von Ioannes Tzetzes (12. Jahrhundert), Manuel Moschopulos (um 1300), Maximos Planudes. Zum ersten Mal gedruckt werden Hesiod-Scholien in Venedig 1537, dann in Basel 1543.

Der erste Druck der *Erga* erfolgte in Mailand (um 1480), wohl durch Demetrios Chalkondylas; ihm schlossen sich die Aldina-Ausgabe (Venedig 1495) und die Ausgabe von Tissard (Paris 1507) an, gefolgt von der Ausgabe von Philipp Melanchthon (Paris 1533). Weitere wichtige Ausgaben stammen von: Henricus Stephanus (1566), Nicolaus Heinsius (1603), Thomas Gaisford (Oxford 1814, mit Scholien), Alois Rzach (Leipzig 1892 und 1902), Paul Mazon (Paris 1914, mit Kommentar), Ulrich von Wilamowitz-Moellendorff (Berlin 1928), Friedrich Solmsen (Oxford 1970) und Martin L. West (Oxford 1978).

Dem Westen zugänglich wurden Hesiods *Erga* zuerst durch die Übersetzung in lateinische Hexameter von N. della Valle (1471), der die lateinischen Übersetzungen von Ulpius (?, Basel 1540) und M. Garbitius (Basel 1548) folgten. Eine weitere lateinische Übersetzung stammt von Bernard Zamagna (Parma 1785).

17 Plutarchus, *Moralia*, recogn. Gregorius N. Bernardakis, Leipzig 1896, Bd. 7, S. 51–98.

Französische Übersetzungen schufen Leconte de Lisle (Paris 1869), Guillaume Patin (Paris 1882) und Paul Mazon (Paris 1914). Eine neuere spanische Übersetzung stammt von M. Sanchez (Madrid 1986), eine italienische von Aristide Colonna (Mailand 1982).

Ins Englische wurde Hesiod im Jahr 1618 übertragen von George Chapman, dessen Arbeit lange die vorherrschende blieb; später von Thomas Cooke (1728). Schließlich folgten die Übertragungen von H. Evelyn-White (1914 in der Loeb Classical Library; mehrere Auflagen), Lattimore (1959), D. Wender (1973) und R. M. Frazer (1983).

Die erste deutsche Übersetzung stammt von J. Claius (*Carmina*, Band 5; Görlitz 1568), gefolgt von der Gemeinschaftsarbeit von J. D. Hartmann und L. Wachter: *Hesiods moralische und ökonomische Vorschriften* (Lemgo 1792). Einen großen Fortschritt bedeutete die Arbeit von Johann Heinrich Voß (Heidelberg 1806); ihr folgte die Übersetzung von Ch. H. Schütze (Leipzig 1818; konnte nicht eingesehen werden). Weitere, benützte Übersetzungen sind im Literaturverzeichnis genannt.

Inhalt